AF588969

Manuel pratique

du

Travail Artistique de la Corne

BIBLIOTHÈQUE NATIONALE R.F. IMPRIMÉS

8° V
72

BIBLIOTHÈQUE DES ACTUALITÉS INDUSTRIELLES N° 143

Manuel pratique
du
Travail Artistique de la Corne

BIBLIOTHÈQUE NATIONALE RF IMPRIMÉS

PAR

JOSEPH PEGAT
PROFESSEUR

Avec 37 figures dans le texte

PARIS
LIBRAIRIE BERNARD TIGNOL
PUBLICATIONS DE LA
Librairie de l'École Centrale des Arts et Manufactures
53 *bis*, quai des Grands-Augustins

CHAPITRE PREMIER

NOTIONS PRÉLIMINAIRES

Qu'est-ce que la corne ? Bois et cornes. Nom donné à l'art de travailler la corne. Aperçu des divers modes de travail à travers les âges. Objet de cet opuscule. Préparation de la corne. Choix de la corne à sculpter.

La corne est la substance qui orne le front des ruminants.

La corne de certains ruminants : Cerfs, chevreuils, rennes, daims, n'est que le prolongement de l'os frontal ; on nomme ce prolongement : *bois* ou plus spécialement *cor* s'il s'agit du cerf.

Chez d'autres ruminants : le bœuf, le buffle, le bélier, la corne n'est plus le prolongement de l'os frontal, qui se termine simplement chez eux par une légère extumescence osseuse, autour de laquelle se développe une sorte de gaine ou d'étui qui prend quelquefois des proportions considérables et qui est composée d'une matière spéciale que l'on est convenu d'appeler « corne ». En réalité cette substance est formée d'une innombrable quantité de poils comme soudés les uns aux autres.

L'art de travailler ces bois ou cornes n'a aucun mot pour le dénommer. Toutefois cette branche de la sculpture décorative nous paraît pouvoir être désignée sous le nom de *Chératoplastie* et les artistes qui s'y livrent, sous le nom de « Chératoplastes » (du grec : χέρατος génitif de χέρας : corne et πλασμα : forme) ; mot à mot : plastique de la corne.

On nous pardonnera pour la commodité de la phrase, de nous servir quelquefois de ce néologisme.

L'histoire de l'utilisation du bois et de la corne par les artistes et ouvriers d'art ferait l'objet du livre le plus intéressant et le plus instructif qui soit, surtout si l'on en étendait quelque peu la matière en traitant de la gravure et de la sculpture, à la fois de l'os, de l'ivoire et de la corne à travers les âges. Il ne faudrait pas, pour ce faire, remonter seulement au déluge, mais bien aux premiers jours de l'humanité, témoins ces sculptures sur bois de renne, trouvées dans les grottes de La Cave (Lot) et qui datent de la période appelée Solutrée Magdalénienne (fig. 1).

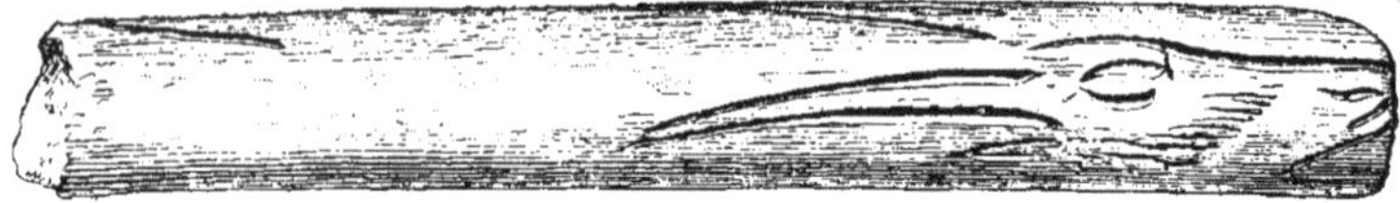

Fig. 1. — Tête d'Antilope gravée sur bois de renne (grandeur naturelle) trouvée dans la grotte préhistorique de La Cave (Lot) en 1902. C'est sans doute le plus ancien document de la gravure sur corne.

Il ne nous est pas permis de nous laisser entraîner ici, même à esquisser cette histoire ; cela nous mènerait beaucoup trop loin et ne saurait rentrer dans le cadre restreint que nous nous sommes tracé.

Nous nous bornerons à dire que l'étude de cette histoire nous ferait constater que l'homme, ayant utilisé la corne (bois ou corne) comme matière décorative dès les premiers temps de son existence, dès l'époque vulgairement appelée l'*âge de Pierre* où les seuls instruments connus étaient les silex, ne cessa de la travailler jusqu'à nos jours.

Il la grava en creux, il la sculpta sur pièce, en bas-relief ou en haut-relief, il la moula, il la peignit ; nous n'avons qu'à jeter les yeux autour de nous dans les divers musées d'art décoratif pour pouvoir admirer des spécimens précieux de ces sortes de travaux.

C'est donc une lourde erreur que de dire ainsi que nous le voyons dans certains manuels, que l'art de sculpter la corne n'a pas d'histoire et est de date récente.

Seulement il faut remarquer que nos prédécesseurs ne pouvaient demander à la corne que les effets qu'elle était susceptible de rendre de leur temps, en tant que matière première. Ils n'avaient pas à leur disposition, comme on l'a aujourd'hui, une corne traitée par les cornetiers, comme elle l'est de nos jours, c'est-à-dire susceptible de devenir matière translucide.

De là est née une différence primordiale entre l'art de sculpter la corne, autrefois et l'art de la sculpter de nos jours.

Les artistes se sont d'abord appliqués à graver et à sculpter sur pièce, les bois d'animaux, comme ils gravaient et sculptaient les os et les ivoires.

Fig. 2. — Chaussepied en corne gravée daté de 1602. Appartenait récemment encore à M. Woernitz qui a bien voulu nous autoriser à le reproduire. C'est une œuvre de valeur admirablement conservée. Elle représente les cinq sens en assez claire allégorie. Les inscriptions en vieil allemand, Cheyclen (le toucher), Rvck (l'odorat), Gesycht (la vue), Gehor (l'ouïe), Smack (le goût) sont d'ailleurs très nettement visibles.

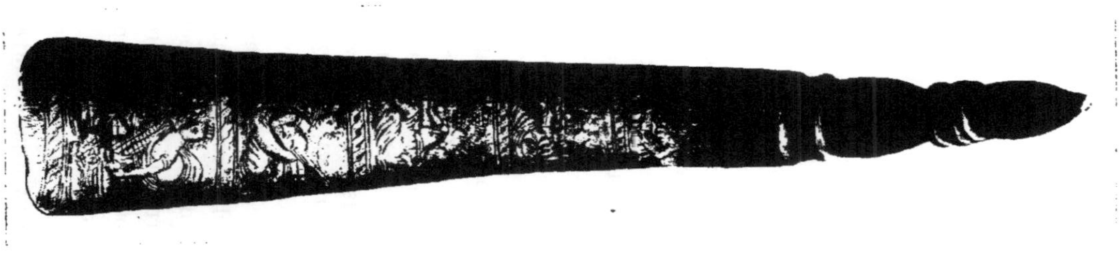

Il existe au musée de Cluny un chaussepied de pareille forme mieux traité comme dessin, représentant une figure et des fleurs en arabesques.

La réduction est d'environ moitié de l'original.

Plus tard lorsqu'on put utiliser non seulement les bois d'animaux mais encore les enveloppes appelées « cornes », on grava et peut-être même on cisela en « corne », des objets de toilette, d'une façon fort intéressante, mais la corne ne se prêtant pas comme les bois à la sculpture sur pièce à cause de la trop grande facilité qu'elle a à s'écailler sous les outils du sculpteur, on n'utilisa cette matière que rarement pour la ciseler. Le plus souvent on la moula. Elle se prêtait admirablement, en effet, au moulage, à cause de sa très grande malléabilité.

Nul parmi les anciens ne pouvait, bien entendu, songer à utiliser cette propriété si merveilleuse de la corne : la *transparence*. Ce n'est que fort tard, lorsque les corneticrs eurent trouvé, dans les moyens mis à leur disposition par la science, la possibilité de renouveler l'industrie de la tabletterie, en applatissant d'abord la corne, en la rendant ensuite transparente et en la teignant, que les artistes songèrent à utiliser cette matière en mettant en valeur ses nouvelles et merveilleuses qualités.

C'est ainsi qu'ils se sont appliqués depuis lors à tirer de la corne un élément nouveau de décoration, vraiment attrayant et qui a rendu et est destiné à rendre de réels services dans la parure féminine et dans la confection et l'ornementation de nombreux petits meubles transparents : lanternes, abat-jour, etc. (Voir ci-après au chapitre relatif au domaine de la chératoplastie).

Nous ne nous étendrons pas autrement sur cet aperçu historique, mais dans les pages qui suivront et pour le seul but de l'agrément du lecteur, de place en place et parmi les gravures que nous publierons, nous reproduirons quelques (fig. 1) objets anciens travaillés soit sur bois d'animaux, soit sur corne, objets qui, nous l'avons dit abondent dans les musées et dans les collections particulières (fig. 2). Rien qu'au musée de Cluny on trouve réunis, comme pour notre éducation artistique, des spécimens curieux de gravure sur corne. Un bois de cerf pris sur pièce (fig. 3), un petit cadre en corne ciselée contenant une image de la Vierge peinte sur la matière même (fig. 5), de nombreux ornements en corne moulée, notamment une plaque de corne que nous reproduisons fig. 4, c'est-à-dire un échantillon parfait de tous les modes employés par nos devanciers pour traiter artistiquement la corne.

Cet aperçu terminé, nous spécifions maintenant que nous ne parlerons dans les pages qui vont suivre que du travail sur la « corne » proprement dite, laissant de côté l'étude de la gravure et de la sculpture sur les bois d'animaux, qui rentre plutôt dans le domaine de la sculpture de l'os et de l'ivoire.

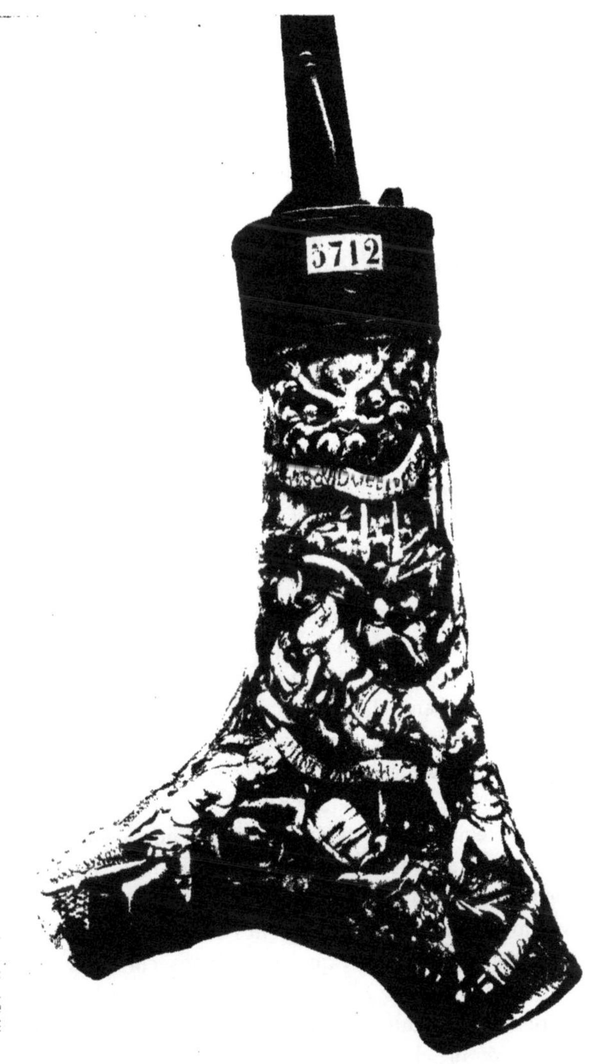

Fig. 3. — Bois de cerf sculpté sur pièce. Poire à poudre figurant dans une vitrine du musée de Cluny. Travail remarquable du XVIe siècle.

D'ailleurs le public amateur, mis en éveil par les délicieuses productions de quelques artistes de valeur, est à l'heure actuelle engoué à juste titre de la chératoplastie. Peut-être n'est-il pas encore adonné au travail de la corne avec autant d'ardeur qu'au travail du cuir d'art, mais les difficultés réelles qu'il rencontre ne paraissent pas devoir le rebuter aisément, et il est permis de croire qu'à bref délai une très intéressante floraison artistique se produira de ce côté.

Au surplus il est assez difficile de réussir dans la sculpture sur corne, surtout pour cette raison que ce n'est pas un art qui supporte la médiocrité. Avec un peu de goût et quelques leçons, on arrive aisément avec le travail du cuir, à produire une sorte de trompe-l'œil qui satisfait les profanes et séduit la vue des personnes non averties de cet art ; c'est même (nous l'avons dit ailleurs, V. l'art du cuir) le plus fâcheux obstacle à l'essor de l'art de modeler le cuir, que cette trop grande facilité à paraître réussir. Ici, il n'en va pas de même. Ou bien l'on devient artiste, ou bien on ne produit rien qui vaille ; pas d'œuvre qui trompe, pas de demi succès. Assurément le découpage pur et simple, le reperçage de plaques de corne peut être fait par des personnes qui ne savent même pas dessiner, mais le champ d'action de ces personnes est tellement limité (à moins qu'elles ne se mettent simplement au service des industries d'art) qu'elles ne seront pas nombreuses les mains qui se livreront à ce simple travail d'ouvrier. Pour pousser plus loin, pour atteindre au degré d'éducation voulue pour travailler en artiste à la sculpture de la corne, il faut, outre des connaissances techniques nombreuses, un véritable tempérament, doublé d'une patience à toute épreuve.

Il importe d'ajouter que, lorsqu'après une éducation consciencieuse, on aborde ce travail éminemment séduisant, et qu'on parvient à vaincre les sérieuses difficultés de tout ordre qu'on y rencontre, on trouve là une source féconde de véritables jouissances artistiques.

C'est pour aider dans la mesure de nos moyens au développement de cette branche de l'art décoratif, que nous avons entrepris d'écrire pour nos élèves ce petit ouvrage.

Le chapitre suivant contenant l'énumération et la description de l'outillage nécessaire au chératoplaste aura le but pratique de tous les manuels d'art, il en aura peut-être la sécheresse ; mais si le lecteur veut bien nous suivre jusqu'au bout, il trouvera dans les autres chapitres des aperçus intéressants sur le domaine de la chératoplastie, des notes aussi clairement résumées que possible sur les principes d'art décoratif qu'il

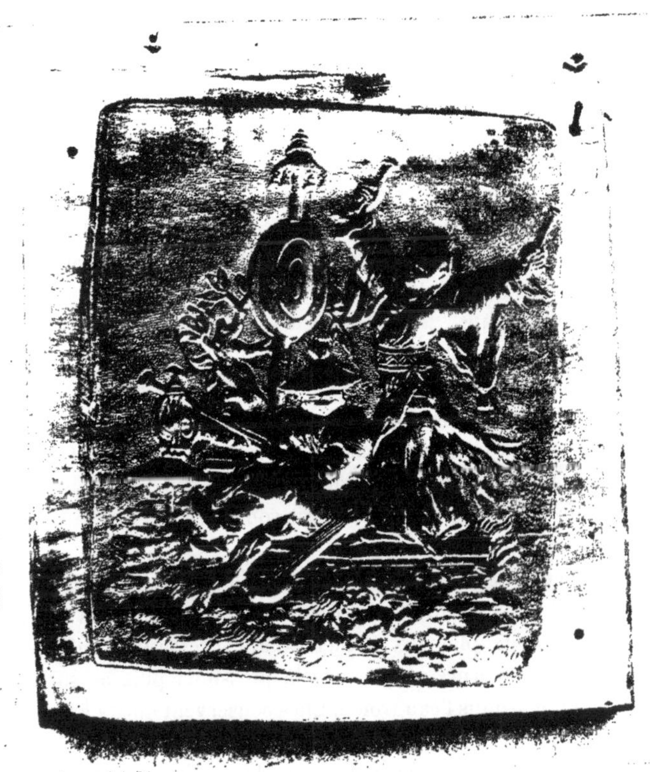

Fig. 4. — Plaque de corne paraissant gravée en creux à la façon des pierres fines (musée de Cluny), mais qui n'est qu'un moulage d'une plaque de métal ciselé. On s'est demandé longtemps à quoi pouvaient servir ces sortes d'objets. On est d'accord généralement pour reconnaitre qu'ils servaient à gauffrer les cartons ou les parchemins par pression. C'est un travail tout à fait remarquable au point de vue de l'histoire de la corne moulée. Il remonte sans doute au XVIIIe siècle, époque où les chinoiseries étaient si à la mode.

nous est indispensable de posséder, et des conseils techniques relatifs au modelage, aux procédés de teinture, etc.

Nous espérons que l'étude de ces quelques pages pourra être d'une grande utilité pour lui.

Mais avant d'en venir au fait, nous croyons qu'il est opportun de terminer ces notions préliminaires, en donnant quelques détails sur la préparation de la corne que nous devons utiliser pour notre travail et quelques conseils sur le choix qu'il convient de faire de notre matière première.

Lorsqu'elles lui viennent des abattoirs, encore attachées à l'os frontal, le *cornetier* laisse séjourner les cornes dans l'eau pendant quinze à vingt jours suivant l'âge de l'animal dont elles proviennent. Cette première opération a seulement pour but de produire une sorte de fermentation qui permet de détacher aisément de l'os frontal, la gaine, l'étui qui deviendra la corne proprement dite.

Cette gaine est alors plongée dans l'eau bouillante qui la ramollit un peu. Elle est ensuite sciée dans le sens de la longueur, par le milieu. On peut alors nettoyer l'intérieur ainsi mis à nu. Après quoi on replonge les morceaux dans l'eau bouillante jusqu'à complet amollissement, de façon à ce qu'on puisse les étendre et les aplatir.

L'aplatisseur vient à ce moment opérer son œuvre.

Il agit *à blanc* ou *à vert*.

L'aplatissement *à blanc* consiste à présenter les morceaux de corne, qui sortent de la chaudière, au-dessus d'une flamme claire et à les placer ensuite entre les deux plateaux de métal d'une presse hydraulique puissante. On laisse les cornes sécher sous la pression ; puis au sortir de la presse on les plonge dans l'eau froide. Elles conservent ainsi en séchant au grand air la forme et l'épaisseur que leur a données la presse. Cette série d'opérations a comme transformé le tissu de la corne ; le grain en a été resserré, il a été rendu plus homogène, il est devenu plus élastique et aussi plus solide.

L'aplatissement *à vert* est employé pour obtenir la *transparence* de la corne, mais il faut ajouter de suite qu'il n'a d'effets que sur les cornes *sans taches*. Le commencement de l'opération est le même que pour l'aplatissement à blanc, mais après qu'on les a retirés de la presse, on fait réchauffer les morceaux au-dessus d'un feu de charbons de bois. On gratte alors toutes les traces noires produites par la fumée, on enlève toutes les parties paraissant ne pas pouvoir devenir transparentes, puis on les plonge pendant quarante-huit heures dans un bain d'eau froide, puis dans un

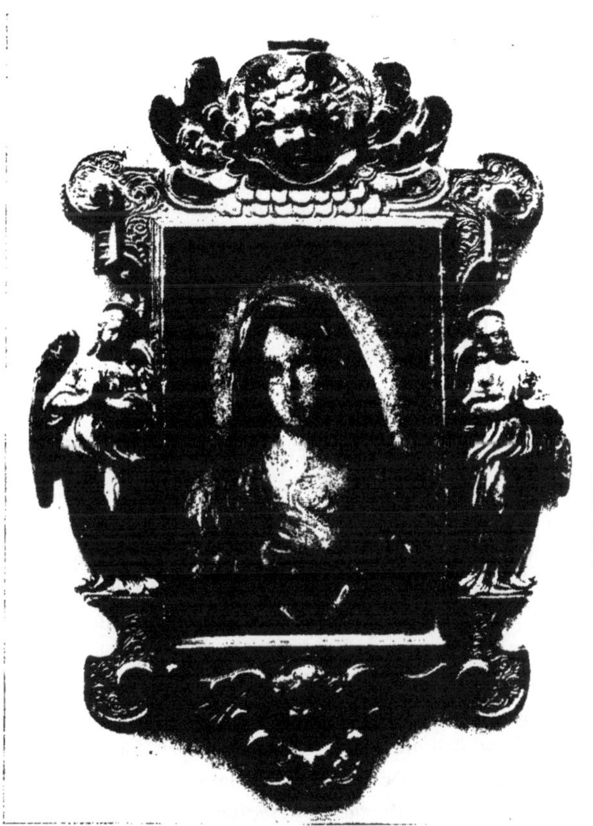

Fig. 5. — Cadre et Image de la Vierge (Musée de Cluny), spécimen rare de travail sculpté sur corne et d'une seule pièce ; la Vierge est peinte sur la corne même. Notre reproduction est environ des trois quarts de l'original. C'est un des plus beaux documents de la sculpture sur corne proprement dite et des mieux traités. Travail du XVIIe siècle.

bain d'eau chaude dont la température n'atteigne pas 100°. On les trempe alors dans une solution de graisse fondue et on les soumet entre deux plaques chaudes à une nouvelle pression graduée, faible d'abord, puis de plus en plus considérable.

Les cornes sont retirées des presses brunes et sales, mais une fois nettoyées et polies elles sont transparentes (1).

Les cornes, une fois aplaties soit *à blanc* soit *à vert*, sont livrées à l'industrie après avoir été amincies plus ou moins suivant les besoins. Cet amincissement se fait au moyen d'une scie circulaire qui les débite dans le sens de l'épaisseur ou bien encore par une série de pressions successives qui laminent les cornes pour ainsi parler.

Nous nous servirons pour nos besoins artistiques de la corne préparée *à vert*. Elle constitue, en cet état, une matière première des plus séduisantes ; elle sera très homogène, ne s'écaillera pas ou peu. Elle se sciera, coupera, tournera, rapera au gré de nos désirs, demeurera élastique et offrira à la cassure une grande résistance. Elle sera en outre transparente au gré de nos désirs.

Toutefois il ne nous sera pas interdit de nous servir de cornes naturellement veinées ou colorées en brun, connues dans le commerce sous le nom de cornes *bariolées* et de cornes *Pangolin*, ces dernières presque opaques. Ces cornes (bariolées ou pangolin) ne sont pas d'une qualité facile à travailler, elles s'écaillent quelquefois d'une façon désagréable, mais elles n'en sont pas moins très intéressantes à cause des effets que l'on produit en utilisant les veines, les zébrures ou l'opacité qui les caractérisent, et qui constituent lorsqu'on sait en tirer parti, une des plus belles décorations de la corne sculptée. Les teintures artificielles sont loin, même appliquées de main de maître, de valoir les riches coloris fondus de la nature.

Les cornes les plus estimées sont celles connues sous le nom de *cornes blondes*. Elles proviennent du *bœuf d'Islande* et du *bison*. Ce sont celles qui reçoivent le plus beau poli et celles qui se teignent le plus facilement.

Les *bœufs de Hongrie* fournissent aussi une corne verte souvent veinée assez recherchée.

Les *buffles* procurent une corne très intéressante pour les travaux d'importance et d'épaisseur.

Quant aux autres qualités de corne, celles courantes, elles devront par

(1) Nous ne voulons pas dire par là qu'elles aient la belle transparence qui se produit définitivement par le polissage, mais elles sont suffisamment transparentes pour qu'on puisse prévoir le résultat final.

nous *à priori* être tenues en suspicion et examinées avec soin avant d'être acquises. Elles conviennent rarement à l'artiste.

Nous devrons pour notre usage choisir des plaques dont l'épaisseur sera bien entendu, en rapport avec le travail que nous voudrons exécuter. Nous en trouverons dans le commerce de toutes les épaisseurs voulues.

Nous choisirons selon nos besoins, tantôt celles qui sont le plus transparentes, tantôt celles qui sont le mieux veinées ou tachées, et toujours celles qui sont les plus unies et les plus plates. Si cependant une bonne corne était un peu gondolée cela ne doit pas nous empêcher de l'acquérir si elle a d'autres qualités ; pour la redresser nous n'aurons qu'à la laisser tremper dans l'eau chaude jusqu'à amollissement, et en la laissant refroidir sous presse, nous obtiendrons une surface absolument lisse et plate.

Nous devrons demander surtout à la plaque de corne choisie, une parfaite homogénéité, c'est-à-dire qu'elle devra être assez compacte, de grains également serrés, sur toute son étendue. Quoique préparées à vert, quelques cornes sont mal fabriquées ; elles manquent de l'homogénéité voulue et elles s'enlèvent par écailles sous l'outil qui les travaille. Il est impossible d'exécuter sur ces cornes un travail bien fini.

Ajoutons qu'il faudra une grande habitude pour pouvoir exercer judicieusement son choix en ce qui concerne ce dernier point. Rien ne ressemble à l'œil, à une bonne corne comme une mauvaise.

CHAPITRE II

DE L'OUTILLAGE. DESCRIPTION

Table. Etaux. Coussinets et billots. Drille. Vilebrequin. Scie. Echoppes, burins, gouges, ciseaux. Grattoirs, racloirs. Râpes, rifloirs, limes Manière d'entretenir ces outils. Brosses cabrons, grattebosses, fusains, pierre ponce, tripoli.

La question des outils en matière de fin modelage sur corne est des plus importantes. « Un bon outil (dit le proverbe) fait la moitié de la besogne ». Mais à quoi reconnaît-on le bon outil ? C'est là le difficile, car pour bien connaître l'outil, il faudrait réellement savoir le fabriquer soi-même et les ouvriers d'art dont on admire les travaux ignorent si peu ce fait, qu'ils confectionnent eux-mêmes la plupart des outils dont ils se servent, ou tout au moins les accommodent à leur main et à leur manière de travailler.

Nous ne pouvons demander à nos élèves de se conformer à cette exigence, mais nous les inciterons à ne pas se servir d'outils de pacotille et, s'ils veulent arriver à des résultats sérieux, à les acheter dans les maisons de tout premier ordre, ils éviteront ainsi bien des déboires et des découragements.

L'outillage nécessaire au travail de la corne, n'est d'ailleurs pas trop coûteux. Il est, il est vrai, composé d'un nombre assez considérable de pièces, que nous allons désigner et décrire, mais ces pièces sont d'un prix assez minime.

La table de travail sera quelconque, pas trop élevée, afin que l'opérateur puisse comme surplomber son ouvrage, assez grande pour contenir tous les outils dont il aura besoin, et munie tout au tour, d'un plat suffisamment large, pour qu'on puisse y adopter les étaux et la planchette.

Etaux. — Tout le monde sait ce que c'est qu'un étau. Dans l'espèce nous recommandons de se servir de l'étau d'horloger. Comme les mâchoires de ce petit instrument seront destinées à serrer une matière qu'il ne faut pas détériorer, on fera bien de les rembourrer ou mieux de se servir d'un de ces intérieurs d'étaux, à ressort, que l'on trouve dans le commerce et dont les mâchoires en bois et molletonnées, viennent se superposer à volonté à la mâchoire en fer de l'étau.

L'étau est un de ces instruments qui servent à tout travail mécanique au même titre que la meule par exemple. Nous le signalons ici bien que n'en parlant pas dans notre chapitre relatif au mode opératoire, parce qu'il nous est éminemment utile pour une foule d'opérations de détails. Qu'il s'agisse de limer une pièce extérieurement ou dans les ajours nous sentirons de nous-même la nécessité de l'avoir sous la main.

Planchette. — La planchette, comme son nom l'indique, est une petite planche de la forme ci-dessous.

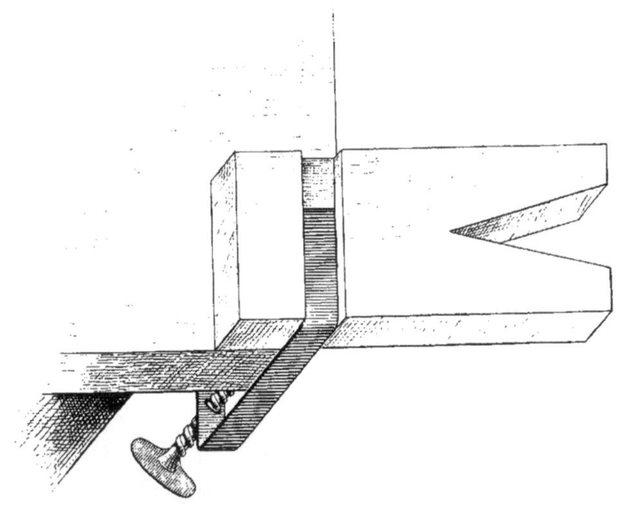

Fig. 6.

Elle est indispensable pour le découpage et le reperçage de la corne. Elle est destinée à faciliter la manœuvre de la scie à rubans qui opère dans l'ouverture en forme de V qui est située à son extrémité. Cette planchette est fixée à la table de travail au moyen d'une équerre à écrou qui la maintient par pression ainsi que l'indique le dessin.

Coussinets et billots. — Sur la table de travail se trouveront à portée de la main deux ou trois coussinets, l'un rond, l'autre ovale, le troisième triangulaire. Ces coussinets seront de simples morceaux de bois dur recouverts de plusieurs doubles de cuir mince ou d'un cuir très épais.

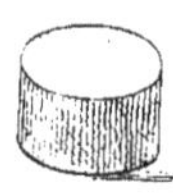
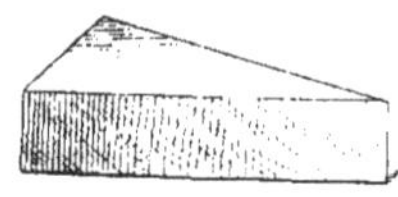
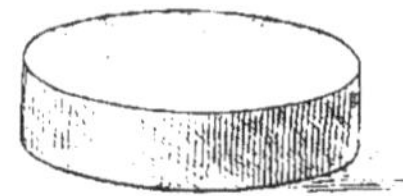

Fig. 7, 8, 9.

Ils sont destinés à supporter les morceaux de corne que l'on travaille. Nous expliquerons plus loin (V. ch. IV, mode opératoire), la position que l'opérateur doit faire prendre à ses mains pour travailler avec les échoppes et par la gravure représentant cette position (page 39, fig. 37) on peut se rendre compte de la manière dont la plaque de corne doit être maintenue sur le coussinet. Il nous suffit de dire que ces coussinets doivent avoir une dimension proportionnée aux morceaux de corne que l'on travaille. La hauteur de ces coussinets devra être uniformément de 6 à 8 centimètres.

Pour la sculpture des pièces d'importantes dimensions ou qui demandent un travail vigoureux de relief, on ne peut se contenter d'un coussinet sur lequel la main gauche maintient la corne à sculpter, on devra assujettir la corne sur un billot en bois dur, rond ou carré d'environ 30 à 35 centimètres de diamètre ou de côté et d'une épaisseur de 10 centimètres environ. Ce lourd billot placé sur la table de travail est immuable de par son propre poids et cependant on peut le tourner dans tous les

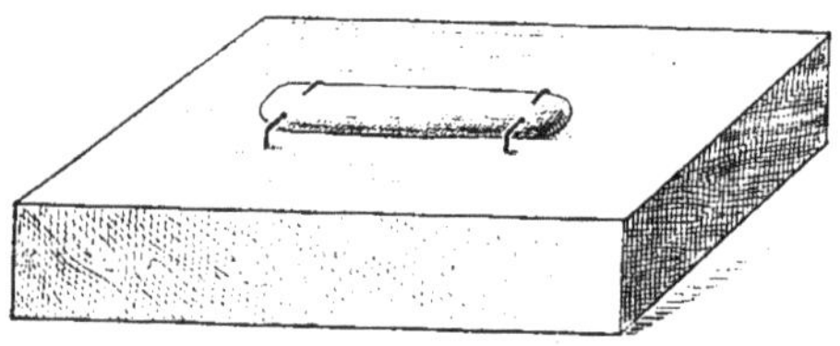

Fig. 10.

sens sans grands efforts. La corne à sculpter, préalablement coupée à l'extérieur suivant la forme voulue pour l'objet à représenter, y est fixée au moyen de trois ou quatre clous à crochets plantés dans le billot autour d'elle. On pourra de la sorte la sculpter, la fouiller sans crainte de se blesser et sans avoir à faire d'efforts pour la maintenir de la main gauche.

Drille. — La *drille* ou *vis d'Archimède* que l'on appelle aussi *touret* ou *foret rotateur* est un instrument destiné à percer dans la corne les petits trous par lesquels on fera passer le ruban de la scie à ajourer dont nous parlerons tout à l'heure.

La drille est composée d'une tige en fer tournée en hélice et emmanchée follement dans une tête de manche, de façon à ce que cette tête étant tenue immobile dans la main, la tige puisse tourner sous l'impulsion d'un curseur que de l'autre main on fait monter ou descendre. Ce curseur qui

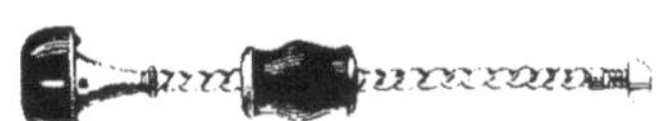

Fig. 11.

épouse intérieurement la forme hélicoïdale de la tige donne forcément, dans son mouvement ascensionnel ou de descente, une rotation rapide à la tige toute entière, tantôt dans un sens tantôt dans un autre sens.

A l'extrémité de la tige, opposée au manche, dans un renflement qui est percé en son centre viennent s'adapter dans une mâchoire tripartite, des mèches de diverses grandeurs que l'on immobilise dans cette mâchoire au moyen d'un écrou à vis, venant cercler le renflement à l'extérieur.

Ces mèches que l'on appelle aussi des forets, sont de diverses grosseurs ou minces comme des aiguilles de machines à coudre ou grosses comme de forts clous. La pointe en est aigue mais aplatie sur ses côtés et forme un angle obtus aux tranchants très aiguisés.

On devra posséder de nombreuses mèches afin de pouvoir percer des trous de divers diamètres.

Vilebrequin. — Le *vilebrequin* est un instrument que tout le monde connaît et qui a la même destination, ou à peu près, que la vis d'Archimède, mais qui perce des trous d'un diamètre plus grand. Nous utilisons surtout le vilebrequin porteur de mèches anglaises ou françaises pour forer des trous à fonds plats dans lesquels on incruste les pierres précieuses (cabochons ou autres) qui ornementent d'une façon si intéressante le travail de la corne.

Les mèches des drilles ou vilebrequins doivent être graissées ou huilées avant leur utilisation.

Scies. — Les scies dont on se sert pour le travail de la corne, sont des scies à découper ou à ajourer. On trouve dans le commerce une variété considérable de scies de cette nature.

Celle que nous préconisons (et décrivons ici par le détail) comme étant la plus simple, la plus économique et la plus facile à manier, c'est le Bocfil.

Le Bocfil se compose d'une tige d'acier repliée en forme d'U ainsi que l'indique la figure ci-dessous.

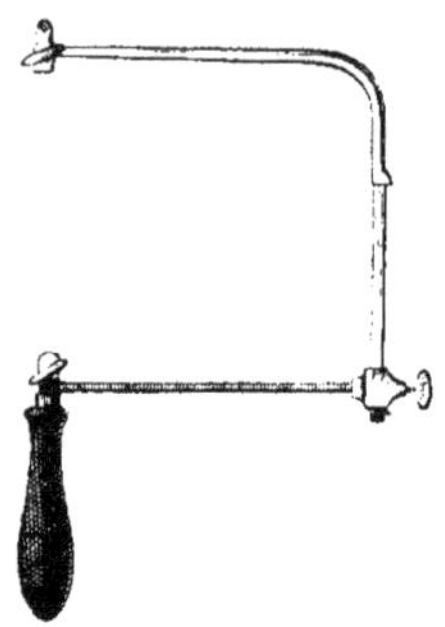

Fig. 12.

L'ouverture de l'U doit être très profonde afin que les branches de la tige ne puissent être arrêtées dans leurs évolutions par la corne que l'on découpe.

A chacune des extrémités de la tige se trouve une mâchoire destinée à recevoir les bouts d'un ruban de scie. En outre, à l'autre extrémité, est assujettie un manche. Pour monter le bocfil on place l'extrémité du ruban de scie dans la mâchoire supérieure, les dents de la scie étant tournées vers l'extérieur de l'U et l'on assujettit ensuite l'autre extrémité dans la mâchoire du bocfil qui est près du manche.

Il faut avoir soin pour bien monter la scie de tendre le ruban assez fortement pour qu'il devienne rigide et vibre au contact du doigt comme une corde de violon. On obtiendra la tension désirée en rapprochant légèrement les deux extrémités de la tige en U de la scie avant de serrer l'écrou qui fixe le dernier bout du ruban de scie.

Il convient bien entendu d'avoir une assez grande quantité de rubans de scie (on en casse beaucoup en commençant). Il en faut d'ailleurs de toutes les grosseurs, on aura de minces comme fil (presque imperceptibles) pour les ajourages minuscules qu'exige quelquefois le travail de la corne.

Nous indiquerons plus loin (voir chapitre IV, mode opératoire) comment on se sert du bocfil ; qu'il nous suffise de dire ici qu'avant de se servir de l'instrument, il convient de graisser le ruban. Quant à l'entretien de la scie, il est simple et consiste seulement à ne pas laisser l'objet se rouiller.

Autre scie à main. — Le bocfil est la plus simple des scies à ajourer, il nécessite dans les commencements surtout une dépense de fatigue ; nous expliquerons pourquoi au chapitre IV en enseignant à se servir de cet instrument. On diminue cette fatigue et l'on obtient par conséquent un résultat meilleur, en se servant d'une petite machine à main bien simple et dont voici la description.

Sur une planchette de forme quelconque est adaptée une tige d'acier repliée sur elle-même, formant ainsi ressort et ayant par là-même une tendance constante à se relever.

La planchette est supportée par des pieds solidement fixés à un socle et entre la planchette et ce socle, manœuvrant dans une rainure sise entre les pieds de devant, se trouve une autre tige d'acier (fixée en arrière au même point que la tige supérieure) maintenue toujours horizontale par un ressort à boudin placé entre la tige et le socle. L'extrémité de cette tige inférieure est munie d'une poignée pendante.

Aux deux extrémités de la tige supérieure et de la tige inférieure se trouvent des mâchoires qui, comme dans le bocfil, sont destinées à mordre les deux bords du ruban de scie traversant la planchette en une ouverture spéciale.

En attirant vers le bas la poignée pendante, on abaisse à la fois les deux tiges réunies par le ruban de scie, mais grâce aux efforts réunis de la tige supérieure qui tend à se relever comme le bras d'un trolley et du ressort inférieur qui tend à ramener la tige inférieure dans la position horizontale l'appareil et la scie se relèvent d'eux-mêmes et ainsi est supprimée la moitié de l'effort que nécessite l'usage du bocfil.

On peut même supprimer la plus grande partie de la moitié restante de l'effort en enlevant la poignée pendante et en prolongeant jusqu'au sol un fil de fer qui relie l'extrémité de la tige inférieure à une pédale.

Cela devient une véritable machine à découper encore bien simple.

Nous ne parlerons que pour mémoire des machines à ajourer et à découper, vieux systèmes ou nouveautés qui sont décrites dans tous les manuels de découpage ou de reperçage et qui sont plus ou moins compliquées. Rudimentaires ou véritables machines aussi délicates que les machines à coudre, elles rappellent tout à fait ces sortes d'appareils. Elles sont inuti-

2

les à notre avis à l'artiste sculpteur sur corne et ne sont nécessaires que pour l'industriel qui débite, découpe et reperce pour le compte des tabletiers et bijoutiers. Pour nous, le découpage, l'ajourage est un travail délicat c'est vrai, mais qui ne doit pas nous absorber ; ce n'est qu'une préparation à notre véritable travail, celui du modelage.

Voici maintenant la série des instruments qui serviront à sculpter la corne.

Echoppes et burins. — L'*échoppe* est un outil en acier trempé droit, long d'environ 10 cent. emmanché dans un manche très court, remplissant bien la paume de la main et dont l'extrémité est taillée en bec de flute. Il convient d'en avoir sous la main dont l'extrémité coupante ait la forme tantôt carrée tantôt ronde (fig. 13 à 21) et dans chacune de ces catégories d'en avoir de trois ou quatre grosseurs différentes.

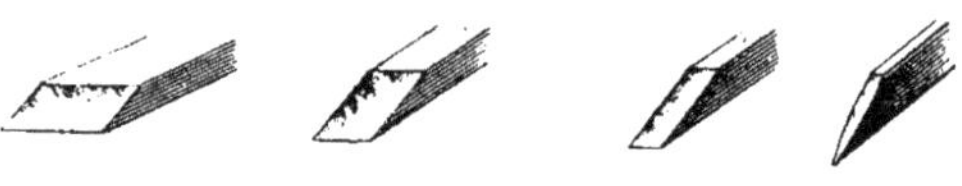

Fig. 13, 14, 15, 16.

Le biseau de ces outils ainsi que leur extrémité devra être particulièrement tranchant.

Ce sont les outils qui nous seront le plus utiles et dont le maniement que nous expliquerons plus loin (V. ch. IV, mode opératoire) devra nous

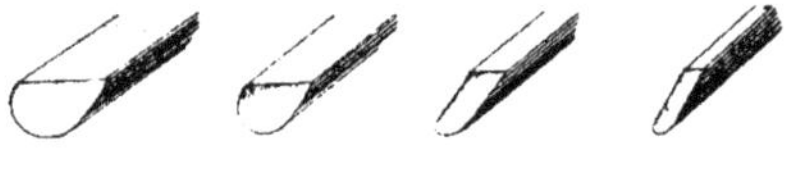

Fig. 17, 18, 19. 20.

être tout à fait familier. Ils serviront à creuser la corne, à établir les différents plans, à ébaucher puis à modeler.

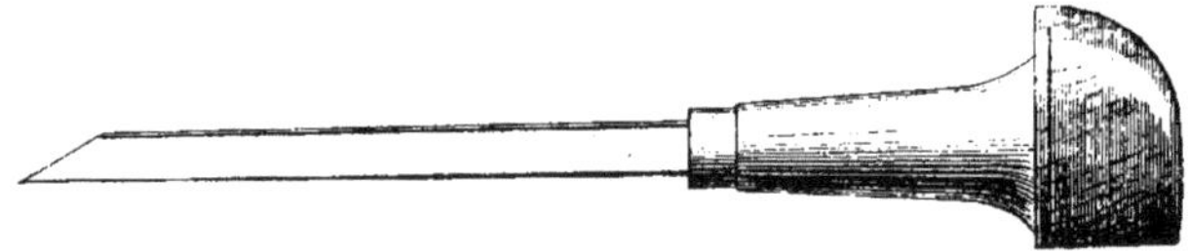

Fig. 21.

Le *burin* est une échoppe dont l'extrémité est taillée non plus en biseau en bec de flute mais en chanfrein (fig. 22-23). Cette extrémité coupante a donc la forme d'un V. Ces outils sont précieux pour les finesses, les gravures à exécuter sur corne. Les burins sont emmanchés comme des échoppes ou s'ils sont très fins, dans une gaine de bois, comme la mine de plomb d'un crayon.

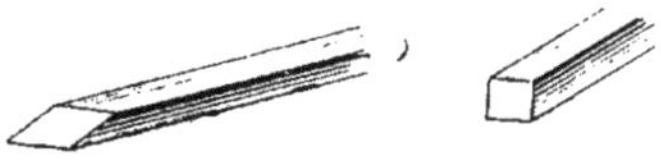

Fig. 22, 23.

Ciseaux. Fermoirs et Gouges. — Le *ciseau* est une lame d'acier affutée en biseau plus ou moins aigu. La partie affutée ainsi en biseau se nomme la *soie* du ciseau.

Certains ciseaux au lieu d'être affutés en biseau ont le tranchant sis au milieu de l'épaisseur de la lame ; on les appelle alors des fermoirs.

Les ciseaux et fermoirs que l'on possèdera, seront de la plus petite dimension possible, la largeur de la partie affutée variant entre 1 et 5 millimètres.

Pour pénétrer dans les creux et y niveler les parties qui doivent se terminer plates on fait des fermoirs *coudés.*

Il est des fermoirs dont le coude est très accentué et que l'on nomme biseaux.

Enfin il existe un ciseau *dentelé* appelé *gradine* et qui est précieux pour exécuter les côtes et nervures.

Les *gouges* sont des ciseaux *creusés* dans la longueur de la lame qui forme ainsi un tranchant convexe.

Si l'extrémité en est taillée en demi *cercle régulier* c'est une gouge *creuse.*

Si elle est en arc de cercle moins grand que le demi cercle c'est une gouge demi creuse.

Si elle est taillée en quart de cercle, on la nomme *méplate*.

On fait des gouges *droites*, *coudées*, *contre-coudées*, *brettées* ou taillées en *gradine*, et des gouges *spatules* destinées à pénétrer et à opérer dans les parties les plus délicates et les plus cachées.

Bien entendu les gouges dont on se servira pour notre genre de sculpture seront très fines et très petites. On les appelle souvent *gougettes* en raison de leur dimension restreinte.

Grattoirs et Racloirs. — Les *grattoirs* et *racloirs* sont d'un usage tellement majeur en matière de sculpture sur corne, qu'on a pu dire avec justesse que l'art de la sculpture sur corne était l'art de se servir des grattoirs et racloirs.

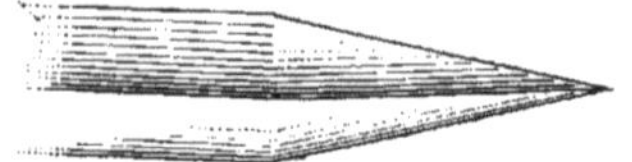

Fig. 24.

Les formes des grattoirs dont on se sert pour sculpter la corne sont multiples. Ils présentent deux ou trois tranchants.

Les uns seront pointus (fig. 24), les autres ronds à leur extrémité. Les uns auront une lame courte, les autres longues.

Pour polir les parties plates et larges on se servira plus utilement du *racloir* ; c'est une lame d'acier rectangulaire de 1 centim. de large, aiguisée sans biseau dans sa partie inférieure de façon à former une arête très vive. Cette arête promenée sur la corne, le racloir étant tenu un peu incliné fait disparaître toutes les inégalités.

Il existe des racloirs dont l'extrémité aiguisée est concave ou convexe au lieu d'être droite. Ils servent à polir les parties qui affectent les formes contraires. L'extrémité convexe sert à polir les formes concaves et vice versa (fig. 25, 26, 27).

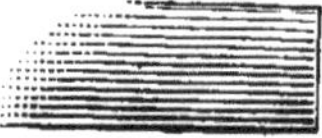

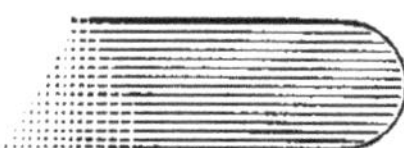

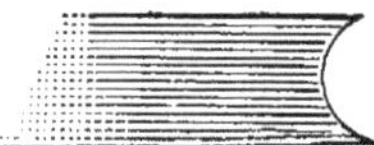

Fig. 25, 26, 27.

Râpes, Riffloirs, Limes. — La série d'instruments comprise sous cette dénomination est aussi des plus utiles pour le chératoplaste.

La *râpe* n'est autre chose qu'une lime dont les plans sont composés de *pointes saillantes* plus ou moins rapprochées les unes des autres. Ces pointes s'appellent aussi des *dents*. Plus les dents sont rapprochées, plus la râpe donne un travail fin (fig. 28).

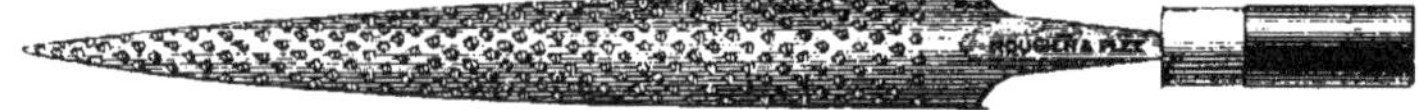

Fig. 28.

Le *riffloir* est une râpe très fine qui achève le travail de la râpe. On fabrique des riffloirs de toutes les formes voulues qui permettent ainsi à l'opérateur de pénétrer dans tous les coins et recoins de la sculpture et des ajours (fig. 29-30). Il existe des rifflоirs sans dents et tailles comme les limes.

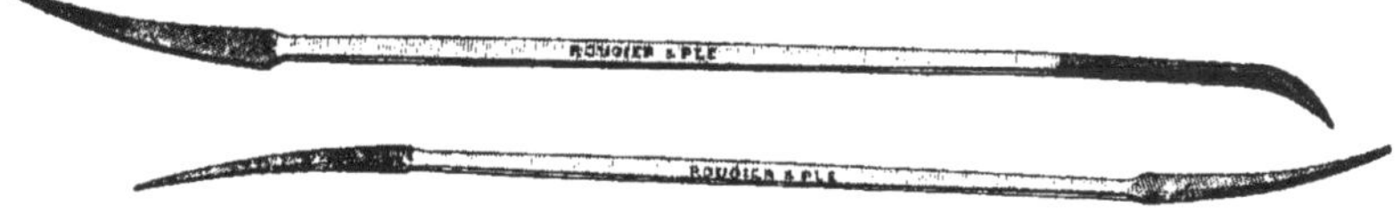

Fig. 29-30.

Les *limes* que tout le monde connaît ont les plans composés de *raies* côtes à côtes et non plus de points saillants (fig. 31).

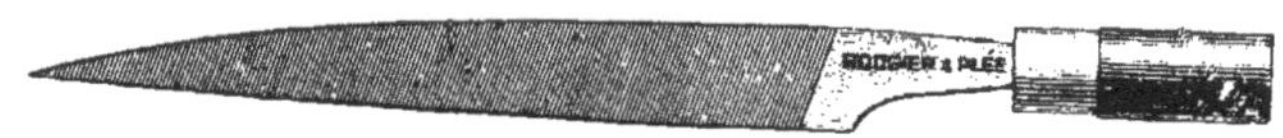

Fig. 31.

Si les *raies* ne vont que dans un sens la lime s'appelle *écouenne* ; si les raies se croisent ce sont de vraies limes.

Il convient d'avoir à sa disposition des quantités de limes de toutes formes et de toutes dimensions. On en trouve dans le commerce même d'imperceptibles et du grain le plus tenu. Il en existe de plates, de rondes, de triangulaires, de pointues, de recourbées. Elles sont nécessaires pour finir l'œuvre.

L'*écouenne* dont nous donnons ici l'image est l'instrument par excellence du débitage et de la mise en œuvre de la corne, on l'appelle souvent la *grêle*. Il est indispensable d'en avoir de toutes formes à sa disposition (fig. 32).

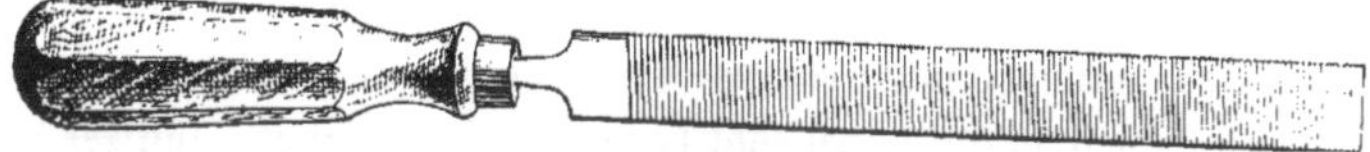

Fig. 32.

Les outils dont nous venons de parler sont les seuls qui se trouvent dans les maisons de commerce, mais il faut ajouter que le véritable professionnel en reconnaît à chaque pas l'insuffisance et que pour chaque travail nouveau qu'il entreprend il sent la nécessité de posséder un outil nouveau spécialement apte à ce travail. Il s'ingéniera donc à le créer lui-même. Il le fabriquera s'il est outillé pour cela ; si non il s'adressera à une maison sérieuse qui, sur ses indications, lui fournira l'instrument qu'il désire en le forgeant au gré des désirs signalés.

Nous sommes heureux d'indiquer à nos lecteurs une maison avec laquelle nous sommes en relations de longue date et qui nous donne satisfaction entière. Ce n'est pas à titre de réclame, mais uniquement pour rendre service à nos élèves ou lecteurs que nous leur recommandons de s'adresser à la maison Rougier et Plé, 114 rue du Temple. Non seulement ils y trouveront tous faits la plupart des outils dont ils auront besoin, mais les intelligents directeurs se mettront à leur entière disposition pour l'exécution de tous les outils qu'il leur plaira d'imaginer.

Voici terminée l'énumération et la description des outils nécessaires au découpage, au dégrossissage, à l'ébauche et au finissage de l'œuvre, nous terminerons cette description par une double recommandation essentielle.

1° Il importe de ne pas faire d'économie pour l'acquisition de ces outils qui doivent être d'une fabrication irréprochable.

2° Il convient de les entretenir en parfait état à l'abri de la rouille (1) et de maintenir très aiguisés, les tranchants et les fils, surtout en ce qui touche les échoppes, les burins et les grattoirs.

L'*affutage* constitue pour le sculpteur, une préoccupation de premier ordre. Sans outils très bien affutés, quelle que soit l'habileté de la main, on n'obtiendra jamais la netteté exigée ; on laissera sur la corne des déchirures, des traits en creux ou saillants, des souillures déplorables. L'affutage étant assez délicat à opérer, on fera sagement de le faire faire par des gens du métier seuls assez habiles pour affuter selon la forme de l'outil, pour donner le fil, et pour ne pas laisser de festons nuisibles sur le tranchant. Mais ce que le sculpteur devra toujours faire lui-même, c'est l'*aiguisage* constant de ses outils. Les meules de grès dont se sont servis les affuteurs, le contact prolongé de l'outil avec la matière que l'on travaille forment des petites dentelures sur le fil de l'outil, dentelures que l'on nomme : le morfil, et qui détruisent la faculté de trancher. Aiguiser : c'est

(1) Pour empêcher les outils de rouiller on se sert de pétrole ou d'un mélange par parties égales de graisse de mouton fondue, et d'huile d'olive. Frotter la lame ou l'outil avec un drap imbibé de cette graisse pour empêcher l'humidité ou la transpiration des doigts de faire leur œuvre. Il est utile de prendre cette précaution lorsqu'on doit rester un certain temps sans se servir des outils.

Si l'on a laissé par négligence un outil se rouiller, on enlèvera la rouille soit en le passant sur la pierre à aiguiser, soit, après l'avoir nettoyé à l'eau de savon, et frotté avec de la térébenthine, en le recouvrant d'une fine couche d'un enduit de térébenthine dans laquelle on aura fait dissoudre du vernis à résine dans une proportion de 30 0/0.

enlever le morfil, c'est-à-dire redonner du fil au tranchant de l'outil de façon à ce que le contact de l'outil avec la matière soit franc et net.

On aiguise sur des *pierres à aiguiser*, et on aiguise soit à l'eau soit à l'huile ; les deux opérations donnent un résultat satisfaisant et l'aiguisage à l'eau a l'avantage d'être moins salissant. On verse sur la pierre à aiguiser quelques gouttes d'eau ou d'huile ; on applique bien également sur la pierre le fil de la lame de l'outil et on frotte en tournant, puis on retourne l'outil en recommençant l'opération de frotter en tournant. Lorsque l'outil a un biseau ou un chanfrein on le posera également à plat sur la pierre, le biseau ou le chanfrein en l'air pour mieux aiguiser.

On doit essuyer avec soin la pierre à aiguiser après chaque opération, surtout si l'on opère avec l'huile, si non la pierre s'encrassera. Si on la laissait s'encrasser par négligence, on la nettoyerait en la râclant avec un instrument tranchant et la frottant ensuite avec du grès pilé. Cela lui rendra la surface mordante voulue.

La meilleure pierre à aiguiser est, dit-on, la pierre du Levant.

Si la forme de l'emplacement du fil de l'outil est ronde comme, par exemple, dans les gouges ou les racloirs, ou concave on ne saurait se servir pour aiguiser d'une pierre plate, cela va de soi ; on opère alors l'aiguisage avec le *pierrier*. Le pierrier est un ensemble de pierre à polir de diverses dimensions et épaisseurs, dont le dos est convexe.

Outre la série d'outils décrits dans ce chapitre, l'artiste sculpteur sur corne devra avoir à sa portée les objets ou ingrédients suivants qui lui serviront pour le *polissage* :

1° Plusieurs *brosses à polir* de grosseur et de crins différents.

2° Des *cabrons* de drap ou de peau. Ce sont des lattes de bois recouvertes de drap ou de peau en tous points semblables de forme aux planches à polir les couteaux de table.

3° Un *gratte bosse en verre*. C'est un instrument composé de longs et imperceptibles fils de verre gerbés ensemble par une ficelle de tourneur très serrée qui ne laisse dépasser la gerbe que d'un centimètre. Le gratte brosse sert à polir les surfaces rondes.

4° Du *fusain à polir*, du *papier à l'émeri* de plusieurs forces et surtout très fin, de la *poudre de pierre ponce* des deux grosseurs moyenne et fine, enfin du *tripoli* et du rouge à polir.

Nous ne parlons pas ici des teintures, produits chimiques et couleurs employés pour la coloration de la corne, nous renvoyons le lecteur au chapitre VI qui est relatif aux divers procédés de teinture de la corne.

CHAPITRE III

DU DOMAINE DE LA CHÉRATOPLASTIE

Bijoux, ornements de toilette féminine. Objets d'ameublement. Choix de la forme. Choix de l'ornementation. Conseils d'art décoratif.

Le domaine dans lequel s'exercera l'art du sculpteur sur corne est relativement restreint. Le délimiter est chose assurément impossible, mais le lecteur nous demandera tout au moins de lui faire connaître quel genre d'objets, il devra surtout essayer de confectionner avec la matière qui nous occupe.

L'artiste décorateur, devant avant toutes choses se préoccuper d'utiliser, de mettre en relief les qualités maîtresses de la matière employée, il est évident de prime abord que le sculpteur sur corne sera surtout porté à fabriquer des objets qui feront valoir les plus beaux côtés de la corne, c'est-à-dire *sa transparence* ou son veinage ou sa coloration.

Que pour obtenir certains effets, on cherche au contraire à rendre quelques parties de la corne opaque, cela sera quelquefois utile comme nous le verrons dans la suite, mais on peut être assuré que c'est plutôt en faisant valoir cette transparence, cette translucidité ou demi-translucidité que l'on obtiendra les résultats les plus intéressants.

L'habile artiste, tirera de cette qualité mère une foule de ressources; il rendra à son gré cette transparence claire ou obscure, jaune ou verte, bleue ou marron, nuageuse ou zébrée, mais il la maintiendra absolue dans la plus grande partie de son œuvre afin d'y faire jouer une lumière variée et profonde. Il ajoutera même autant qu'il le pourra aux effets produits par ces jeux de lumière des effets plus intensifs encore, en semant adroitement çà et là, mais avec goût et sobriété, des gemmes enchassées dans des montures soignées.

Tout cela revient à dire que le principal domaine de la chératoplastie, sera celui de l'exécution des bijoux et objets de toilette féminine qui par la manière dont ils sont portés sont tout à fait aptes à faire valoir la transparence de la corne et les jeux de lumière dont nous venons de parler. Epingles de cheveux ou de chapeaux, épingles de nuques, peignes de chignons, broches, pendentifs, plaques de cou, boucles de ceintures, boutons, monture d'éventail : autant d'objets charmants qu'avec un peu de goût et d'habileté de métier, on rend vraiment artistiques. D'autant plus artistiques que la ligne en sera bien trouvée, la disposition heureuse et le décor approprié et sobre.

Il est encore un autre genre d'objets pour la confection desquels la corne est éminemment appropriée, pour le même motif que nous avons exposé ci dessus. Ce sont les abat-jour de lampes ou d'électricité, les panneaux de lanternes, les écrans de cheminée disposés à la façon des vitraux, des écrans à mains.

Le fort éclairage venant du revers de l'objet fait valoir d'une façon originale, les effets que l'artiste a recherchés. Le plus ou moins d'épaisseur de la corne que son talent aura sagement laissé à la matière, les teintures plus ou moins foncées qu'il aura employées, tout cela prévu par son esprit inventif donnera par la force des choses une coloration supérieurement intensive.

Une autre mine encore à exploiter, sera la série des objets de bureaux, couteaux à papier, coupes à bijoux, ouvres lettres, dessus de coffrets, etc. (fig. 33).

Nous n'avons pas (nous l'avons dit) la prétention d'indiquer ici tout ce qui peut être exécuté en corne ; nous n'avons eu qu'un but dans cet aperçu : montrer qu'en dépit de la restriction de notre domaine artistique nous avons cependant devant nous un champ de travail assez attrayant pour nous tenter et nous occuper fructueusement.

Une fois déterminé l'objet que l'on désire exécuter, il faut se préoccuper de la composition, du dessin, c'est-à-dire : 1° de la forme de l'objet, de la ligne ; 2° du décor approprié, c'est-à-dire du choix du dessin qui l'ornera.

La *forme, la ligne de l'objet,* devra longuement être étudiée. Elle est toujours, mais ici surtout, d'une importance capitale. La forme sous laquelle se présente à nos yeux un objet quelconque, *à fortiori* un bijou, est précisément ce par quoi cet objet commence à nous séduire ou à nous

Fig. 33. — Couteau à papier sortant des ateliers de L. Gaillard qui a bien voulu nous autoriser à le reproduire ici. Malheureusement ce document a dû être considérablement réduit (il mesure réellement près de 40 centim.) pour pouvoir trouver sa place dans notre livre, ce qui lui a enlevé une partie de son équilibre. Les œuvres de L. Gaillard sont toujours intéressantes par l'idée d'abord et par le souci qu'elles démontrent de respecter la matière première employée. — Celle ci est particulièrement remarquable par la manière dont les diverses cornes utilisées à la confection de l'objet ont été traitées.

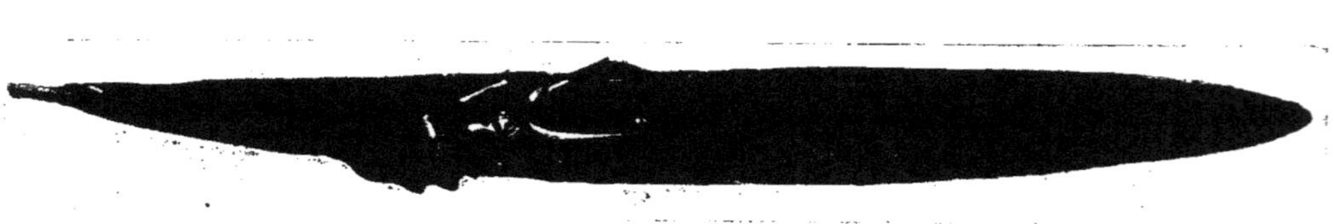

La feuille de roseau est en corne de Hongrie nuageusement veinée. Le corselet, les pattes et les pinces du cerf volant sont en buffle noirci et les élytres en corne blonde reposant sur un fond métallique qui donne par transparence l'illusion des couleurs mordorées de l'insecte.

On remarquera le mouvement de l'animal et les inflexions naturelles données à sa marche sur la feuille C'est parfaitement étudié et supérieurement rendu.

rebuter. Cette ligne est, en ce qui nous concerne, d'autant plus difficile à trouver que notre imagination n'est pas la plupart du temps maîtresse d'une manière absolue ; la raison, le bon sens, les lois de l'équilibre nous enserrent et nous endiguent avant tout. Qu'il s'agisse, par exemple, de l'exécution d'un peigne ou d'un pendentif, nous n'avons pas la liberté de nous laisser aller à proposer des lignes vagabondes à l'excès, et il faudra coûte que coûte, nous tenir dans les limites que nous commandera l'usage habituel du peigne et du pendentif. Destiné à retenir les cheveux, le peigne aura par définition des dents nombreuses, longues, espacées et un corps d'une proportion modérée en rapport avec la longueur des dents de façon à garder un stable équilibre et à ne pas basculer dans la chevelure. Ce corps ne devra présenter ni de pointes trop aigues ou d'angles trop restreints, ni d'accidents linéaires exagérés qui seraient de nature à être une cause de détérioration pour la chevelure ou de souffrance pour la tête.

Un pendentif ne saurait s'étaler sur une poitrine s'il ne se tient dans de justes proportions et n'affecte pas une ridicule importance, s'il n'est pas trop lourd et peut facilement s'attacher, etc., etc.

Ce n'est donc que dans des limites assez restreintes que pourra s'exercer notre goût, et le choix de la forme, de la ligne nous sera parfois assez malaisé, car il est bon d'autre part de ne pas s'en tenir aux classiques formes, j'allais dire aux formes communes sous lesquelles nos yeux sont accoutumés de se représenter un peigne ou un pendentif. Il importe d'apporter à la chose un peu d'originalité.

Et il en est ainsi de chaque objet, de chaque bijou que l'on se propose d'exécuter.

Il conviendra donc de travailler beaucoup la ligne ; recommandons à cet égard une grande, très grande simplicité ; une ligne simple est toujours plus agréable à voir qu'une ligne se recourbant en fouillis capricieux à la façon des arabesques de la décadence ou se cassant à angles multiformes et sottement imprévus comme dans bon nombre de formes « art nouveau ».

Nous laissons à l'artiste une complète latitude ; pas de règles à lui imposer et nous serons satisfaits si la sensation est agréable que nous procurera la première vue de son œuvre.

Une fois que de prime abord elle nous aura plu, il y a beaucoup de chances qu'elle nous plaise par le détail, pourvu que le dessin de ce détail soit suffisant, et il y a certitude qu'elle nous séduise complètement si le choix du dessin ornemental est bien approprié, bien adéquat à la forme. C'est là la seconde difficulté : Bien choisir son *dessin d'ornementation*.

Ici non plus on ne peut donner de règles à l'artiste, il est libre de toute entrave, excepté de faire jurer la ligne de la forme et le dessin d'ornement ce qui serait contraire aux règles générales du bon sens et de l'art décoratif. Ainsi une surface convexe ne contiendra pas une décoration destinée à paraître concave ; une douce ligne gracieuse n'enveloppera pas une bizarre arabesque et vice versa. Une forme Louis XVI ne contiendra pas un ornement Henri II. Une forme ultra moderne ne se prêtera pas à une ornementation Louis XV, etc., etc. On conservera avec soin d'autre part, dans le dessin de détail, le *sens* donné comme *dominant* à l'objet. On se méfiera des illusions d'optique causées par les différents plans et les saillies. Bref on ne commettra aucune des fautes qui peuvent nuire à l'harmonie finale, mais à part cela on aura libre carrière.

Assurés, d'ailleurs, que nos lecteurs, très avertis en ce qui concerne la nécessité d'harmoniser la *ligne* et la *décoration* sont suffisamment instruits en pareille matière, nous n'insisterons pas sur ce point. Ils décoreront la ligne trouvée de leur œuvre, de détails d'une *ornementation adéquate*, nous en sommes convaincus.

Mais quels seront de préférence les sujets d'ornementation qui conviendront à notre matière première ? Devrons-nous nous laisser tenter par les figures géométriques, les feuillages, les fruits stylisés ou non, les lignes pures, les figures chimériques, les figures animales ou les figures humaines ?

C'est là une pure question de goût et j'ajouterai aussi, une question d'habileté professionnelle, la difficulté d'établir des figures étant bien plus réelle que celle d'établir des figures géométriques par exemple. Tout sera permis à l'artiste pourvu que sa pensée soit claire et nettement exprimée, pourvu que l'idée se détache finement, pourvu que la lourdeur soit exclue d'une part et que d'autre part, il ne tombe pas dans une sèche tenuité.

Si les lecteurs désirent connaître nos préférences personnelles nous leur dirons seulement qu'en matière de corne sculptée, si notre longue expérience nous permet de ne pas blâmer l'usage des styles anciens appliqués sur corne non transparente (forme, nous l'avons dit, sous laquelle se présentait autre fois, notre matière première), il nous paraîtrait que c'est un contre sens artistique d'appliquer ces styles sur nos cornes transparentes.

Il en va autrement des styles primitifs comme par exemple des styles byzantins ou carlovingiens qui nous offrent par leur caractère même et par l'emploi des pierreries enchassées dans les métaux brillants et les émaux, un effet artistique quelque peu voisin de celui que l'on peut obtenir avec les gemmes enchassées dans la corne rendue transparente et colorée d'une façon translucide.

Les figures géométriques, d'ailleurs inspiratrices des styles primitifs, seront également d'un choix très heureux.

Mais c'est surtout vers l'invention d'une forme, d'une ligne et d'un dessin moderne qu'il convient, croyons-nous, d'orienter le chératoplaste.

L'art de sculpter la corne transparente que nous ont donné les découvertes de la science, tel qu'il est compris de nos jours, est un art indubitablement moderne. A cet art il convient donc de trouver une ornementation moderne.

Qu'on nous comprenne bien cependant. Nous ne voulons pas dire que nous soyons partisans pour le sculpteur sur corne, pas plus d'ailleurs que pour toute autre branche d'art, de ce qu'on est convenu d'appeler *l'art nouveau*. A notre avis, jusqu'à ce jour du moins, les mots « Art nouveau » hurlent de se voir accouplés. Il n'y a pas, il ne saurait y avoir d'art nouveau pas plus qu'il n'y a de « beauté » nouvelle puisqu'en définitive l'art n'est que la manière de manifester la « beauté ». Chaque siècle, chaque pays, chaque tempérament a exprimé la beauté éternelle comme il l'a pu, à sa manière, les uns l'ont fait heureusement, les autres malheureusement. Les génies successifs, interprétant à leur manière cette beauté, ont laissé à travers les âges la trace de leurs pensées ou des chefs-d'œuvres, et en ce qui concerne spécialement l'art décoratif qui nous occupe seulement ici, ils ont laissé des formes, des lignes séduisantes qui ont constitué les styles anciens. La seule chose que nous puissions rechercher, ce sont des *styles nouveaux*. Chaque époque amène le sien ; mais il faut reconnaître que notre époque, comme d'ailleurs toutes les époques de transition, a peine à découvrir sa voie et que notre génération patauge dans la recherche d'un style qui ne prend pas forme et dans lequel la névrose est prise pour l'art.

Cependant il faut ajouter que dans la branche de l'art décoratif appliqué à la bijouterie, c'est-à-dire dans celle qui est en grande partie notre domaine et surtout dans l'art français de la bijouterie se trouvent quelques artistes de premier ordre qui ouvrent un horizon nouveau. Ils ne créent pas un style particulier c'est vrai, mais c'est avec un art consommé que leur esprit, tout pénétré d'une étude profonde, interprète la nature d'une façon toute pleine d'heureux et d'éclatant imprévu.

Ce sont ces artistes qu'il convient de suivre dans la voie qu'ils tracent. Comme eux étudions surtout la nature, étudions la branche, le feuillage, les fruits, leurs formes, leurs mouvements naturels ou brisés. Les animaux, leur grâce, leur attitude, leur rapidité, leur élan, leur repos. Etudions aussi, comme ils l'ont certainement fait, les très anciennes et naïves manifestations des primitifs scrutateurs de la nature. L'âme de ces

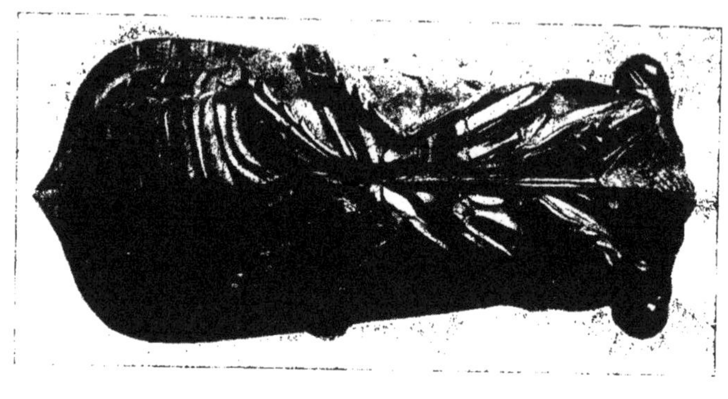

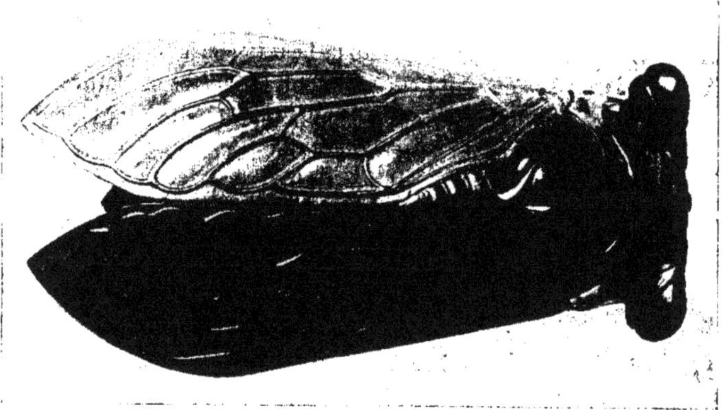

Fig. 34-35. — Cigale, œuvre remarquable de M. Lucien Gaillard qui a bien voulu nous autoriser à la reproduire dans notre livre ainsi que le couteau à papier d'autre part représenté (réduction d'un tiers environ).
Le corps, la tête et le corselet de la cigale sont en buffle noir; les ailes transparentes en corne blonde; les yeux en corne teintée. Le lecteur admirera la perfection de l'œuvre chatoyante et chantante par la partie supérieure, mate et volontairement brute par le dessous. Nous ne parlerons pas de la difficulté d'exécution du corps de l'animal, qui est infinie

premiers interprétateurs n'était pas comme la nôtre fondue dans le moule troublant des écoles et des préventions. Etudions aussi les manifestations des peuples étrangers qui ont vécu une autre nature que la nôtre ou qui, l'ayant vu avec d'autres yeux, nous la feront connaître par une voie inaccoutumée pour nous.

Quand notre âme sera ainsi préparée par le travail des yeux et de l'intelligence, elle suivra aisément les maîtres que j'indique.

Les fleurs, feuilles et fruits surtout stylisés, les papillons, les libellules, les insectes, frères des fleurs et par la transparence et par le brillant coloris, les poissons aux écailles chatoyantes ou nacrées seront alors, pour nous, des thèmes charmeurs sur lesquels nous broderons avec amour, en mettant dans nos productions un cachet tout personnel et une grâce infinie. Quel que soit d'ailleurs le sujet d'ornementation choisi par lui, que l'artiste sculpteur sur corne se préoccupe de ne pas trop multiplier les plans qu'exigera l'exécution de sa composition.

Quelqu'habileté que l'on ait, il est difficile sur notre matière de multiplier les plans à l'infini. Le miroitement de la corne, sa transparence uniforme, ou non, brouille la vue et mélange les plans trop rapprochés les uns des autres, de sorte que l'effet final ne répond pas au désir de l'artiste. Il est vrai qu'il a la ressource des oppositions, que par la matité voulue de certaines parties de la corne, il pourra produire à son gré et qui rétabliront l'harmonie, mais alors l'œuvre sera compliquée et la complication est l'ennemi du beau même quand le métier impeccable a vaincu les difficultés matérielles.

Deux, trois plans principaux au plus seront établis dans la pensée créatrice de l'œuvre, ce qui avec les plans de transition formera déjà une échelle d'éloignement assez multipliée (V. chap. IV ce qui a trait à l'établissement des plans).

C'est dire que le sculpteur sur corne ne doit vouloir imiter ni le peintre ni le sculpteur de bas-relief sur marbre. Il ne doit exécuter ni tableaux ni scènes. Ce seraient des contresens artistiques (1).

Nous voici arrivés au terme de cette étude du domaine actuel de notre art. Nous espérons que ces quelques lignes suffiront à bien faire comprendre notre pensée et à guider avec utilité l'élève dans la voie où il s'engage

Passons maintenant à un autre ordre d'idées et parlons du « mode opératoire ».

(1) *Par le moyen de la réduction mécanique et de la gravure à l'acide on peut, il est vrai, obtenir surtout sur corne opaque des résultats très décoratifs semblant contredire ce que nous avançons là. Mais il ne rentre pas dans notre cadre de traiter de cette manière d'opérer interdite aux amateurs et même aux artistes non outillés* ad hoc.

CHAPITRE IV

DU MODE OPÉRATOIRE

Technique de la chératoplastie. Décalque. Découpage. Ajourage. Détermination des plans. Dégrossissage. Ebauche. Fini. Polissage. Mise en forme.

Voici la filière des opérations successives que le sculpteur sur corne devra savoir exécuter :

1° Décalque du dessin sur la plaque de corne ;
2° Découpage, ajourage de la corne ;
3° Mise en place des divers plans choisis ;
4° Modelage : dégrossissage, ébauche, fini ;
5° Polissage ;
6° Mise en forme.

I. — *Décalque du dessin sur la corne.*

Après avoir exécuté notre dessin sur papier et avoir fait choix d'une plaque de corne d'une épaisseur proportionnée à l'œuvre, il faut reporter le dessin sur la corne.

Si la corne est mince et très transparente, si le modelage de l'objet doit être rapidement fait et si par conséquent le travail n'a pas le temps d'obscurcir la transparence, le décalage n'est pas nécessaire. On se contentera de coller sous la plaque de corne (avec une colle très liquide) le dessin au trait et à l'encre. On l'aperçoit avec une telle netteté que tout décalque est superflu, mais le dessin est sacrifié, déchiré par le découpage et le modelage du dessous.

Si la corne est un peu épaisse et moins limpide, si le travail doit être long et obscurcir momentanément la transparence, il sera sage après avoir appliqué sans le coller, le dessin sous la plaque de corne, de le tracer à la plume à l'encre de chine, sur la surface à travailler. Cela a l'avantage de conserver intact le dessin sur papier et de pouvoir garder sous les yeux pendant les opérations successives, le modèle créé. On pourra aussi reporter le dessin sur la corne au moyen d'un papier gras; bleu ou rouge. Tout le monde sait comment on opère avec cette sorte de papier : on place le côté gras du papier à décalquer sur la corne ; au-dessus on pose la feuille de papier sur laquelle est tracé le dessin : avec une pointe dure on suit en appuyant les contours du dessin. La pression de la pointe suffit à reporter les contours suivis, sur la corne.

Quelle que soit d'ailleurs la manière de décalquer, la chose est si simple qu'elle ne nécessite aucune indication spéciale.

Il faut toutefois remarquer (ceci est important) qu'il convient d'examiner avant de décalquer quel est le sens des fibres de la corne. On aura soin de placer le dessin de façon à ce que la plus grande partie des coups d'outils dans les opérations du modelage, puissent se donner en biais des fibres de la corne. A contresens, les outils rencontrent, comme on le verra plus loin, des cassures, des érafflures dans la contexture de la corne et la font soulever souvent comme par écailles si la préparation industrielle n'en a pas été parfaite. En modelant on observera avec soin cette règle de ne sculpter le plus possible que dans le biais de la fibre. Dès maintenant il faut rendre le travail plus facile en plaçant le dessin dans le sens qui facilitera le plus le travail du sculpteur.

II. — *Découpage, ajourage du motif à exécuter.*

Quelquefois l'objet à exécuter est (par exemple : un abat-jour, un coupe papier) à travailler sur pièce sans à-jours. On n'aura dans ce cas à découper que les contours extérieurs de la plaque suivant le galbe de la monture.

Mais le plus souvent, on aura à découper non seulement les contours extérieurs de l'objet, faisant tomber les parties de la plaque de corne qui ne devront pas subsister hors du dessin, mais encore il s'agira d'un découpage à jour, c'est-à-dire de faire tomber des parties de corne comprises dans le dessin et sans contact avec la partie extérieure au dessin, c'est ce que l'on appelle le reperçage.

On opérera ce reperçage au moyen de la drille et du bocfil ou de toute autre des scies à ajourer décrites au chapitre de l'outillage ci-dessus.

On commencera par détacher les parties intérieures, par repercer. Pour cela on choisira parmi les mèches de la drille que l'on possède, une mèche proportionnée à la grosseur du trou à forer, c'est-à-dire proportionnée à l'épaisseur de la corne et à la grosseur du ruban de scie qu'on aura postérieurement à introduire dans le trou percé ; on assujettira cette mèche à la drille et surtout si la plaque de corne est épaisse on huilera ou on graissera la mèche.

On posera la pointe de la mèche, la corne étant posée à plat sur la table de travail, en un angle quelconque du dessin, et de la main gauche on appuiera assez fortement sur le manche de la drille ; puis de la main droite par un mouvement de va et vient allant du foret au manche et du manche au foret on fera mouvoir le collier glissant de l'instrument. On traversera ainsi aisément la corne de part en part. Si la plaque était très épaisse il conviendrait de ne pas essayer de traverser la corne toute d'une traite, mais il faudrait de temps à autre retirer la mèche de la drille du trou qu'elle fore et en soufflant, dégager ce trou des parcelles de corne qui auraient tendance à l'obstruer en empêchant la vis d'Archimède de manœuvrer.

Ce premier trou une fois percé, on recommencera dans un autre angle et ainsi de suite, dans tous les angles.

Ceci terminé on fera intervenir le bocfil en faisant passer le ruban de scie dans un des trous forés. Voici comment on opèrera :

On commencera par choisir un ruban de scie proportionné comme grosseur au travail à opérer, c'est-à-dire à l'épaisseur de la plaque de corne et à la finesse du dessin. On montera le bocfil comme il est dit au chapitre II de l'outillage (page 16) c'est-à-dire pour expliquer l'espèce, qu'on placera une des extrémités du ruban dans une mâchoire du bocfil, les dents à l'extérieur de l'outil, et on l'y assujettira fortement. On passera ensuite le ruban dans un des trous forés par la drille en ayant bien soin que la face de la plaque soit du côté du manche de la scie, et on assujettira l'autre extrémité du ruban de scie à l'autre machoire du bocfil. Pour ce faire, on laissera la corne enfilée au ruban de scie et pendante entre l'extrémité déjà assujettie du ruban et la main gauche tenant l'autre extrémité ; on appuiera la branche du bocfil que tient déjà le ruban, contre le rebord de la table de travail, et le manche contre sa poitrine de sorte que le poids du corps forcera les deux branches du bocfil à se rapprocher sensiblement l'une de l'autre. Dans cette position, on introduira de la main gauche l'extrémité du ruban de scie qu'elle tient dans la deuxième mâchoire du bocfil et on l'assujettira par pression de l'écrou.

En cessant d'appuyer le corps sur le manche du bocfil les deux bras du corps de scie en forme d'U reprendront leur position normale et le ruban de scie se trouvera tendu à souhait. Il faut, en effet, nous ne saurions trop insister sur ce point, que ce ruban soit bien tendu sous peine de faire mauvaise besogne et surtout de casser des rubans, ce que l'on fait d'ailleurs, surtout dans les commencements plus souvent qu'on ne voudrait, même avec des rubans bien tendus.

On fera alors manœuvrer la scie en suivant les lignes indiquées par le décalque sur la corne, pour en détacher les parties à ajourer. Ce n'est pas une opération commode si l'on n'y est pas habitué. Les personnes qui au moyen du bocfil ont déjà découpé, repercé le bois ou les métaux seront immédiatement au fait, mais celles pour qui le maniement est nouveau, trouveront une assez grosse difficulté à devenir maîtresses de leur instrument.

Voici pour leur faciliter la tâche les conseils que nous pouvons leur donner :

On maintiendra la corne à plat et immobilisée au moyen de la main gauche sur la planchette décrite page 13 et de manière à ce que le ruban de scie puisse manœuvrer dans l'ouverture en V de la planchette. De la main droite tenant le manche du bocfil (1) et maintenant l'instrument bien verticalement, on sciera la corne en suivant le tracé d'un mouvement très lent et très aisé. On prendra bien soin de ne pas contracter la main directrice sous peine de ne pouvoir arriver au bout sans accident et de casser force scies (fig. 36).

Si l'on ne contracte pas les doigts et si l'on maintient le ruban bien perpendiculaire au tracé on sera étonné de la facilité du travail, facilité qui disparaîtra aussitôt que la contraction se produira et qu'on penchera l'outil à droite ou à gauche du tracé. L'expérience est ici le meilleur des maîtres.

(1) Nous supposons que le découpage se fait en tenant le manche de la scie au dessus de l'objet à scier comme dans la figure 36. Si les opérateurs le trouvent plus commode ils pourront très bien tenir le boefil, manche au dessous de l'objet, mais en ce cas ils auront soin d'enfiler le ruban de scie, dans le trou du foret, en sens inverse de manière à ce que le tracé du décalque se trouve toujours en l'air sous leurs yeux.

En sciant ainsi et suivant le tracé, l'opérateur aboutira à un des trous perforés dans un angle ; alors il changera sa plaque de place et repartira

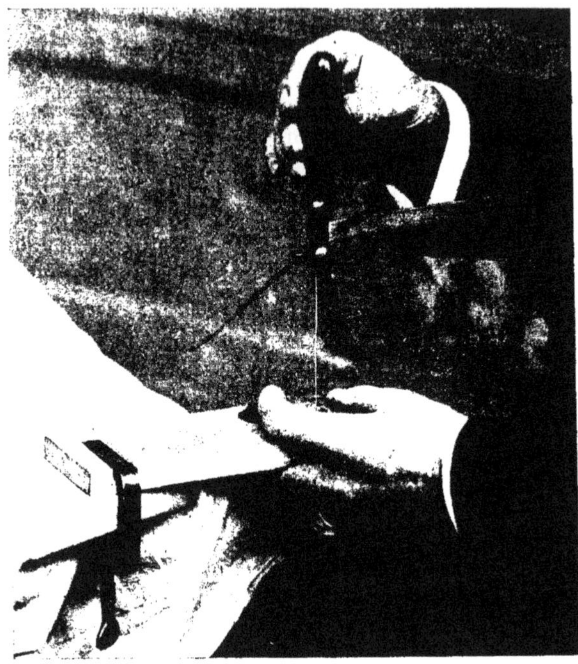

Fig. 36.

en suivant une nouvelle ligne jusqu'au prochain trou. De la sorte après avoir fait tout son voyage de trous en trous, le tracé étant complètement scié, le morceau à détacher tombera de lui-même.

A ce moment, on ouvrira l'une des mâchoires et le ruban de scie n'étant plus tenu, on pourra dégager le bocfil. On remontera la scie ailleurs pour ajourer une autre partie du travail et ainsi de suite.

Certains professeurs jugeant peu artistique l'opération du découpage, conseillent de faire découper la corne par des reperceurs spécialistes. Evidemment c'est tourner la difficulté, mais nous ne conseillons pas d'éviter cette partie du travail : au bout d'un certain temps de pratique, elle devient intéressante par elle-même, et l'on n'est pas complet si l'on ignore le moyen de découper soi-même la plaque de corne. Tout au plus si le travail est trop long, consentirons nous à laisser l'élève faire découper les dents d'un peigne à chignons quelquefois besogne fastidieuse et qui demande pour être très bien faite certains instruments spéciaux notamment la gothique (1).

D'ailleurs le travail du découpage est bien simplifié pour les professionnels, si au lieu du bocfil ils se servent de scies à cordon ou à pédale dont nous avons donné la description plus haut (V. ch. II, Outillage, page 17).

Lorsque la plaque de corne est ajourée dans ses parties intérieures on sciera alors seulement les contours extérieurs de l'objet. Nous conseillons de commencer par l'ajourage intérieur parce que pour opérer ce premier travail plus délicat que le second, on a ainsi une plus grande facilité à tenir de la main gauche la plaque dans son entier.

III. — *Détermination des plans. Dégrossissage*

La plaque de corne est maintenant débarrassée des parties qu'a fait tomber la scie. Elle a une forme brute qu'il s'agit de sculpter en procédant par les trois étapes successives de la *mise aux plans*, du *dégrossissage* et du *modelage*, cette dernière comprenant *l'ébauche* et *le fini*.

C'est ici le travail intéressant et artistique.

Il convient d'abord d'établir les divers plans, c'est-à-dire de mettre en un relief varié et approprié les diverses parties de l'ouvrage. Nous nous sommes préoccupés (V. page 31), en faisant notre dessin, du nombre de plans que comporterait notre composition. Il s'agit maintenant d'exécuter notre conception ; notre œuvre sera d'autant plus séduisante que nous aurons placé au degré d'éloignement voulu de l'œil, chacune des parties de notre travail. Notre intelligence artistique nous suggérera la place réelle que

(1) Dans l industrie des pigniers ou pignetiers, les ouvriers font les dents des peignes de la manière suivante :

Les dents sont d'abord séparées au moyen de scies rotatives à rubans ou cylindriques nommées *Vidures* qui se couplent ensemble à la distance voulue de façon à ce qu'en une seule opération toutes les dents soient séparées à la fois.

L'intervalle des dents est ensuite enlevé mécaniquement, puis les dents sont nettoyées et dégrossies au moyen d'écouennes et les pointes sont terminées à la lime.

Enfin la petite évidure (plan incliné) qui se trouve entre chaque dent sur la tête du peigne se fait mécaniquement au moyen de l'instrument qui se nomme le *Gothique*.

Pour mieux assujettir leur ouvrage pendant leur travail manuel, les ouvriers placent la tête du peigne dans la mâchoire d'une sorte de tenaille en bois appelée gland, tenailles dont ils tiennent les branches serrées sous leurs cuisses.

chacune de ces parties doivent occuper par rapport les unes aux autres. Dessin et modelage sont deux choses distinctes. Les ombres produites par notre crayon sur le dessin ont établi les plans, maintenant c'est la place que nous donnerons à chaque partie qui les établira et les déterminera.

Nous avons conseillé de ne prévoir que deux ou trois plans, proposons-nous par exemple en ce moment, la confection d'un objet dans lequel nous nous proposerons deux plans seulement (soit une plaque de cou); nous proposons un plan pour le cadre, un plan supérieur pour les feuilles qui reposent sur ce cadre. Ce qui n'empêchera pas, bien entendu, que dans chacun de ces plans principaux naîtront plus tard sous nos outils et pendant le travail, des plans secondaires et intermédiaires, dans le modelage par exemple des feuilles et des nervures, modelage qui assouplira le mouvement des feuilles et donnera le plus possible l'illusion du mouvement de la nature.

Nous nous appliquerons à construire nos deux plans dans l'épaisseur de la corne au moyen des outils indiqués (ch. II de l'outillage) plus haut. *Echoppes, gouges, ciseaux et grattoirs.*

Commençons par poser sur notre table de travail un des *coussinets* décrits au même chapitre. Plaçons sur le coussinet la corne découpée; immobilisons-la de la main gauche. Puis servons-nous de l'échoppe (fig. 16).

Le maniement de l'échoppe demande quelque habitude; il est difficile d'exécuter avec cet outil, le mouvement voulu, il est malheureusement plus difficile encore de décrire ce mouvement, nous allons l'essayer cependant.

Nous saisirons l'échoppe à pleine main, le manche bien appuyé sur la paume de la main, et le pouce allongé le long de la lame de manière à ce que l'extrémité coupante de la lame dépasse l'extrémité du pouce, d'à peine un demi centimètre. Le biseau de l'échoppe devra se trouver du côté opposé au pouce.

Si l'on tient de la sorte l'échoppe sans contraction ni nervosité, on s'apercevra qu'en appuyant à la fois les doigts refermés sur le manche de l'outil, et l'extrémité du pouce sur la lame, on obtiendra un mouvement en avant du biseau tranchant de l'échoppe, qu'on fera suivre aussitôt d'un mouvement de recul de la lame et ce, sans qu'il soit besoin de remuer le bras ni même le poignet. La paume seule de la main aura l'air de faire manœuvrer l'instrument. C'est ce mouvement de va et vient d'arrière en avant de la lame qu'il faut s'exercer à produire. Lorsqu'on l'aura saisi et qu'on l'exécutera sans crispation, on obtiendra une sûreté remarquable dans le maniement de l'échoppe. Cette sûreté est indispensable à acquérir. Point de travail possible tant que la main se crispe et que le maniement

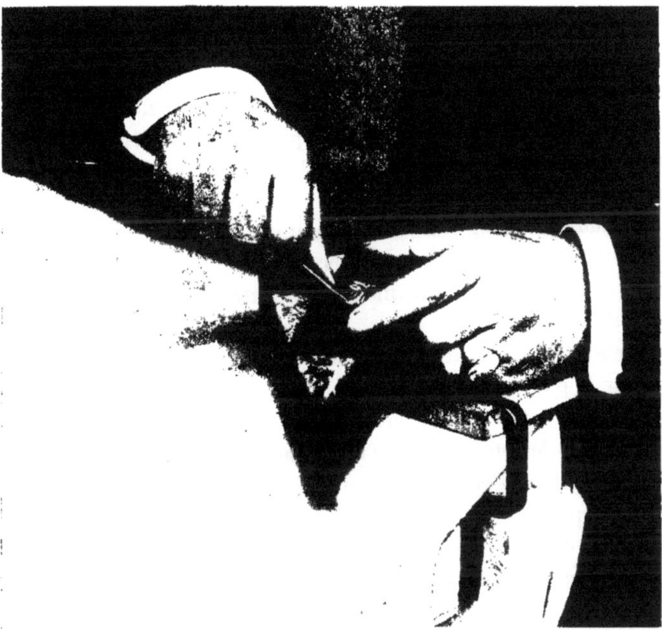

Fig. 37.

n'est pas familier. On ne commencera réellement à pouvoir travailler que lorsqu'on aura atteint une excessive souplesse dans l'exercice du mouvement dont il est question.

Tenant, de la manière dont il vient d'être parlé, une échoppe *pointue*, on appuiera la pointe sur le contour du dessin à mettre en relief, et on commencera à exécuter le va et vient décrit, en suivant la ligne du dessin et formant ainsi, sur le côté extérieur de la ligne, une sorte de petit trait en creux.

Si l'on a soin que le pouce reste en la place voulue, reposant sur l'objet par le côté de l'ongle, un peu à l'extrémité, sans jamais lâcher son appui, le mouvement s'exécutera sans *danger* pour l'opérateur, car sa main étant immobilisée, l'outil ne s'échappera pas en avant et ne courra, par conséquent, jamais le risque de blesser la main gauche qui tient l'objet pendant le travail, ce qui arriverait infailliblement si l'on opérait à bras levé ou à main levée.

Le petit trait creux ou sillon, ainsi tracé dans la profondeur voulue, à savoir, suffisamment pour que le fond du trait se trouve au niveau que l'on aura choisi pour l'établissement du deuxième plan, on s'occupera (toujours en exécutant le même mouvement) mais en se servant d'une échoppe moins pointue et plus large ou d'une gougette, à enlever, petit à petit, la corne extérieure au trait tracé, jusqu'à ce que le niveau horizontal en soit au même plan que le fond du sillon. Et ce, en tenant bien entendu compte des reliefs que devra posséder ce second plan et que l'on respectera. Il faudra, pour agir avec fruit, tenir son échoppe plus *horizontalement* que pour tracer le trait. Pour tracer le trait, nous avons dit que le pouce doit reposer sur l'objet travaillé par son extrémité supérieure, à l'endroit où l'ongle se détache de la chair. Maintenant il faudra que le pouce appuie tout de son long sur la corne ou sur le coussinet si l'objet est trop petit pour que le pouce puisse s'y reposer.

Le mouvement de va et vient devra d'ailleurs se faire ici plus largement non pas dans le sens des fibres de la corne, ce qui écaillerait le travail, mais bien en biais et en des directions quasi circulaires. Sans essayer d'enlever les copeaux d'un seul mouvement, on doit s'y prendre patiemment, sans efforts et dans plusieurs sens.

On comprendra aisément pourquoi, pour le travail que nous venons de décrire, il est nécessaire que la corne se trouve sur un coussinet élevé au-dessus de la table de travail. Le mouvement de va et vient que l'artiste exécute en se servant de l'échoppe, ne serait pas possible sans cela ; la main qui tient l'outil de par sa position, en effet, a la paume en contrebas de la corne elle-même.

Le gros de l'opération terminé, on égalisera son travail d'aplanissement du second plan au moyen des gouges, des ciseaux, des grattoirs etc., et toujours, comme nous venons de le dire, en tenant compte des reliefs qui devront figurer sur ce plan et que l'on ne touchera pas.

Si l'objet devait avoir plus de deux plans, on recommencera les deux opérations : tracé du sillon et aplanissement autour des motifs à remettre en relief dans le plan qu'on vient d'établir. Mais comme l'aplanissement du deuxième plan a fait disparaître le dessin du troisième, si le dessin a été décalqué on devra reporter à nouveau ce dessin sur la corne, au crayon.

Bien entendu dans cet établissement des plans qui n'a pour but que de disposer le travail, on ne se préoccupera pas des inflexions des motifs que l'on exécutera plus tard et qui serviront de lieu de passage entre les différents plans de façon à harmoniser l'œuvre. Une feuille par exemple, tout en se trouvant au premier plan peut s'infléchir sur le second, une tige circuler du premier au second et même au troisième. On ne suivra pas ces sinuosités en dégrossissant les plans, mais on devra les prévoir afin de ne pas enlever la corne là où elle sera nécessaire pour ces plans intermédiaires.

En un mot, nous ne devons nous occuper ici que d'un très grossier dégrossissage, pareil à celui du sculpteur sur bois qui au moyen des ciseaux et des gouges choisit seulement les plans sur lesquels il lui conviendra d'ébaucher les motifs et de les sculpter ultérieurement.

S'il s'agissait de gros objets à sculpter sur pièce, pour le travail desquels nous avons prévu, on se le rappelle, l'usage d'un billot au lieu d'un coussinet (V. outillage, page 14) la détermination des plans se ferait d'une façon un peu différente quant au mode de procéder.

La pièce étant fixée sur le billot, le contour des dessins sera exécuté à la pointe de burin ou à l'échoppe, mais la corne sera creusée et abaissée aux deuxième et troisième plans non plus par l'échoppe mais par les gouges et les ciseaux, et l'aplanissement opéré au moyen de forts grattoirs ou racloirs.

IV. — *Modelage des motifs. Ebauchage. Finissage.*

A. — ***Ebaucher***, c'est sur chacun des plans déterminés chercher et faire la place des motifs à exécuter; c'est donner à ces motifs placés par masses, une forme grossière mais juste. C'est peut-être la plus délicate des opérations du modelage. Si l'ébauche est bien établie, bien construite, le reste ira tout seul, le finissage, le fini suivra sans aucune difficulté ; mais qu'on y prenne garde, donner la place et la forme générale du motif en ménageant sur le motif même la matière nécessaire aux retroussis, aux détails de relief ou de creux, c'est une chose difficile, très difficile et nous insistons pour qu'on y attache une importance capitale.

Comment ébauchera-t-on ?

D'abord en s'attaquant au motif principal du premier plan, celui qui doit avoir le plus d'importance et par conséquent frapper l'œil davantage. On travaillera ce motif, cette masse, on lui donnera un profil, une détermination large et simple à la fois sans grands détails, mais cependant de manière à ce qu'on puisse voir la place qu'occuperont ces détails ; puis on s'en prendra aux masses secondaires, ensuite à celles des plans plus éloignés que l'on traitera de façon encore plus simple et plus large. Enfin on rattachera les masses les unes aux autres.

Dans toute cette opération, ayons le souci constant de conserver à chaque motif, à chaque détail, un volume plus grand que celui qu'il doit avoir une fois le travail terminé. Laissons les angles un peu vifs, les revers saillants, les fonds moins profonds.

Reprenons-nous-y à plusieurs fois pour faire ce travail d'ébauche. Interrompons-nous souvent, cessons de regarder notre ouvrage, revenons-y ensuite lorsque nos yeux ont cessé d'être hypnotisés par le même regard ; plaçons-nous à une distance plus éloignée, jugeons d'abord de l'ensemble, du rapport de chacune des parties avec la principale, de l'harmonie générale en un mot, examinons les galbes que nous avons formés, les profils que nous aurons tracés, que tout cela se tienne bien, que rien de heurté ne subsiste, qu'aucun mouvement de motif ne se répète absolument pareil ; et tout cela, afin d'éviter et la dureté et la monotonie. Veillons aussi à ce que le passage d'un plan à un autre et d'un motif à un autre s'opère d'une façon graduelle et sans transition désagréable pour l'œil.

Puis remettons-nous à notre table de travail et achevons notre ébauche dans le même style de largeur, la pensée toujours préoccupée de la place et de l'importance de chaque motif et de la transition entre chacun d'eux.

Bien entendu il conviendra non seulement d'ébaucher son travail par le dessus, mais encore de se préoccuper de l'envers de la corne. Bien souvent cet envers sera plat uni, comme par exemple un couteau à papier destiné à reposer sur une table pourra l'être, mais souvent aussi il demande à avoir ces reliefs et son travail spécial parce qu'il pourra être vu des deux côtés comme tels objets qui n'ont ni envers ni endroit par ex. un manche de parapluie. Il est évident que dans ce dernier cas le travail de l'artiste portera également sur toutes les faces.

Mais alors même que l'objet a véritablement un endroit et un envers et que celui qui l'examine ne juge de l'effet qu'en contemplant la face, il importe souvent de ne pas négliger le côté invisible. C'est bien souvent par le dessous qu'un effet de translucidité est obtenu, qu'un jeu de lumière se produit. Le plus ou moins d'épaisseur qu'on laisse à la corne joue en effet un grand rôle soit à cause des divers degrés de transparence qu'elle procure, soit à cause des effets de coloration qu'elle permet. Par exemple les motifs de premier plan (qui *a priori* ont le plus d'épaisseur puisqu'ils sont plus en relief) paraîtront naturellement plus foncés à cause même de cette épaisseur. En les creusant par le dessous on obtient un effet de transparence et de translucidité qu'on aurait vainement cherchés à produire d'autre manière.

C'est bien souvent aussi par le dessous qu'on prépare la place aux traits, aux accentuations, aux colorations même qu'on y apposera dans la suite et qu'il faut prévoir avec soin.

Le travail de l'envers de la pièce (allons plus loin) est absolument nécessaire pour obtenir ces effets de perspective que l'on admire si souvent dans les beaux travaux de corne : un insecte, par exemple, qui figure sur une œuvre aura l'air réellement de sortir de la corne, si la partie avant de la bestiole est en relief, et si la partie arrière est creusée par le dessous de la pièce. C'est là tout le secret de l'effet produit : mais combien il faut être habile pour la mise en œuvre de ce secret ! Rien n'est difficile comme le passage du dessus au dessous. Ce sont là des effets qu'un maître seul peut obtenir.

Bien entendu on pourrait rechercher le même genre d'effet avec d'autres genres d'animaux, voire même avec des lianes, des fleurs, des algues marines passant ainsi du dessus au dessous, et produisant à l'œil un séduisant effet. Rien ne contribue à l'illusion de l'éloignement des plans comme cette manière d'opérer.

Dans quelques cas (faisons un pas de plus dans cette étude du travail de l'envers de la pièce) on obtient des effets remarquables en traitant uniquement l'envers, le dessus restant plane. On travaille alors le dessous comme les artistes qui gravent les pierres précieuses. C'est le plus ou moins d'épaisseur de la corne qui formera les clartés ou les ombres. C'est là une opération de la plus haute valeur artistique et certainement la plus difficile à exécuter. Elle nécessite d'abord l'emploi de cornes très épaisses et par conséquent un long travail de patience pour la creuser d'autant plus profondément qu'on veut faire ressortir les clartés sur la face.

Par exemple, ainsi que l'a fait un de nos plus habiles chérionoplastes, sur la face plane pourront se présenter avec l'aspect du plus fin modelage, les fleurs et les tiges de la monnaie du pape travaillée par l'envers. L'artiste de goût qu'est M. Miault a su tirer un effet considérable de l'épaisseur de la corne et par un petit tour de force a su produire des clartés lumineuses en creusant profondément la matière, et une échelle d'ombres très réussie par la simple opposition de parties plus ou moins épaisses. Nous regrettons de ne pouvoir reproduire ici son œuvre intéressante dont nous avons pu apprécier la juste valeur à je ne sais quelle exposition.

Pour exécuter l'ébauche telle que nous venons de la décrire, on se servira de gouges, de ciseaux, de grattoirs, riffloirs, écouennes et de tous les instruments en un mot décrits au chapitre de l'outillage et qui permettent de tailler la corne à son gré, d'en enlever des parcelles de toutes épaisseurs. Bien entendu on se servira d'outils de moyenne grosseur.

Nous n'entreprendrons pas d'indiquer la manière de se servir de chacun de ces instruments. Nous ne croyons pas la chose possible. C'est l'affaire du professeur de vous indiquer les ressources de chacun d'eux et il faut un assez long apprentissage pour apprendre à connaître les services qu'ils peuvent vous rendre. Il convient, en effet, d'avoir vu pendant longtemps une main habile opérer avec ces outils pour se rendre compte de l'utilité des uns et des autres.

Aux leçons d'ailleurs et du professeur et de l'apprentissage il conviendra d'ajouter une longue expérience manuelle et une longue patience sera nécessaire pour obtenir une main légère et habile à tourner les difficultés qui se présentent, nouvelles à chaque travail nouveau entrepris. La main peu à peu se fera aux outils et en quelques mois de pratique les choses qui paraissaient des montagnes deviendront de simples jeux.

B. — L'opération qui va suivre permettra maintenant à l'artiste de parfaire son travail. C'est le *finissage*.

Finir veut dire ici non pas achever, mais parfaire le travail brut qu'a donné l'ébauche, le perfectionner. Donner le fini est une expression meilleure à employer que finir. Donner le fini veut dire : parfaire le travail de l'ébauche en donnant aux motifs la forme définitive et détaillée qu'ils devront avoir en eux-mêmes et aussi les uns par rapport aux autres, c'est-à-dire : en unissant les motifs les uns aux autres avec délicatesse, en corrigeant les profils et les contours, en fondant le passage des reliefs aux creux, en modelant enfin les détails, en précisant les retroussis, les revers, les nervures, les angles, en accentuant les vigueurs, en atténuant au contraire les heurts trop violents, les arêtes trop vives, etc. Dans l'exécution du fini, il faut traiter différemment les différents plans de l'œuvre étant bien entendu que la vigueur du premier plan ne saurait être la même que celle des plans successifs si l'on veut obtenir un heureux effet. Là où s'arrêtera l'œil du spectateur, là seulement devra être donné le maximum du rendu. Serrons donc avant tout le motif principal auquel nous devrons sacrifier tous les autres.

Il faut toutefois ne pas perdre de vue que le polissage que nous aurons à entreprendre après le fini, a une tendance à *amollir* l'œuvre, parce qu'il diminue les arêtes, atténue les nervures, émousse les angles et les retroussis et par conséquent appauvrit la vigueur du travail. Il conviendra donc de se tenir dans une note un peu trop vigoureuse.

Pour obtenir le fini, on se servira des mêmes outils que pour l'ébauche, mais plus fins et surtout parfaitement en état. Il faut avoir soin que les échoppes, les burins, les grattoirs aient un *tranchant* bien affilé, que les rafles et les limes soient très fines et très propres afin que le grain n'en soit pas obstrué par les dépôts des travaux antérieurs. On aura sous la main des outils de forme et de grandeur aussi variées que possible et l'on s'en servira à tour de rôle, en appropriant leur choix à l'usage désiré (V. chap. de l'outillage).

On se souviendra que moins la trace de l'outil qui finit, se voit, plus le travail est remarquable. On ne doit, dans une œuvre achevée, apercevoir aucune des reprises de l'outil sur la corne travaillée ; aussi pour éviter de laisser ces traces ou reprises doit-on s'habituer à prolonger le plus possible les mouvements des outils sans arrêts ni reprises, c'est le meilleur moyen d'obtenir de réelles finesses et d'éviter les écaillures.

On devra finir l'envers comme on finit la face de l'œuvre.

C'est dans le fini que l'artiste met sa personnalité. Il est impossible de le guider ici, d'autant plus que d'ailleurs cette personnalité se manifestera bon gré mal gré et sans qu'il y prenne garde Elle est le fait de son éducation antérieure et surtout de la manière dont son instinct artistique aura digéré l'enseignement reçu. Cette personnalité se manifestera aussi bien dans un travail de minime importance, que dans une œuvre considérable. Si l'opérateur est artiste, le moindre brimborion sorti de ses mains, fût-ce une simple épingle à chapeaux, sera une œuvre d'art ; s'il n'a pas de personnalité artistique son travail pourra être celui d'un bon ouvrier mais ne portera jamais le cachet définitif qui le consacrera, même s'il s'agit d'une importante création.

La composition de l'œuvre, la mise en place des plans et le fini sont les trois éléments qui constituent l'œuvre d'art. Si tout être intelligent peut arriver avec du travail à se servir utilement des outils, à savoir, à décalquer, découper, dégrossir, ébaucher, etc., si, en conséquence, il peut exécuter correctement son travail, on peut dire qu'il ne fera œuvre d'art que s'il peut créer une heureuse composition, mettre en place les différents plans qu'il a conçus et donner à son travail un fini personnel. Mais de ces trois éléments qui constituent l'œuvre d'art un seul se dégage de nous sans que nous y songions, comme une émanation de nous-même et dès avant que notre éducation artistique soit achevée. C'est le cachet personnel du fini même. Le débutant, se contentant de copier une œuvre déjà exécutée par autrui, est contraint de laisser agir sa personnalité. Aussi peut-on dire que, malgré qu'il veuille s'identifier pleinement avec la pensée du maître créateur du modèle, il dénature plus ou moins cette œuvre en l'interprétant d'après son tempérament propre.

Conclusion : nous n'avons à donner aucun conseil en matière de finissage de l'œuvre. Si l'on copie une œuvre de choix on tâchera de faire taire sa personnalité pour prendre celle du compositeur. Si l'on copie une quelconque élucubration d'une quelconque publication artistique on ne se sentira pas lié par la pensée de l'auteur et même d'une donnée modeste on pourra, par sa propre interprétation, tirer un intéressant résultat. Si on exécute une œuvre propre par soi conçue, qu'on se laisse alors aller à son instinct intérieur sans aucune arrière pensée ni retenue et qu'on crée jusqu'au bout en achevant son fini.

Les étapes successives du dégrossissage, de l'ébauche et du finissage, que nous venons de parcourir, nous ont édifié sur la difficulté de notre travail. Mais on ne se sera sans doute pas suffisamment rendu compte que la plus grosse de ces difficultés consistera dans l'interprétation en bas-relief d'un dessin à plat. La traduction d'une esquisse, même d'un dessin ombré où tous les détails sont prévus, en un modelage bien équilibré réserve à un élève de grosses surprises.

Ajoutez à cela qu'il n'est pas commode de traiter un objet en bas-relief du premier jet avec une matière à laquelle en cas d'erreur on ne saurait réparer le mal commis par un outil mal dirigé. Enlever la matière est facile, mais la rapporter est impossible s'il en a été trop enlevé.

Aussi conseillons-nous, lorsque le travail en vaut la peine par sa complication de modelage, d'exécuter d'abord l'objet que l'on crée en matière plastique quelconque, terre glaise ou plastiline, avec lesquelles il est aisé de rechercher la place des plans, des reliefs, des détails. On se fera ainsi un véritable modèle que l'on moulera en plâtre qu'on aura sous les yeux pendant toute l'exécution de la sculpture sur corne. On évitera ainsi bien des déboires et on tournera bien des difficultés.

V. — *Polissage.*

Il s'agit maintenant d'obtenir le poli, le brillant qui fera donner à la corne son maximum de transparence si l'on recherche cette transparence, en tout cas, qui parachèvera le travail.

Pour polir la corne on se servira de la série d'instruments et de poudres décrite ci-dessus (page 23) c'est-à-dire de brosses d'argenterie, de cabrons, de gratte bosses en verre et de fusain à polir, de papier à l'émeri, de poudre de pierre ponce, de tripoli et de rouge à polir.

C'est un ouvrage très long que le polissage et il faudra s'armer de patience.

On commencera par frotter l'objet avec du papier à l'émeri aussi fin que possible afin d'enlever les dernières traces d'outils, puis on fera avec de l'eau une pâte assez épaisse de pierre ponce de moyenne grosseur. On prendra cette pâte avec une brosse dure et l'on frottera la corne pendant une dizaine de minutes dans tous les sens, à droite et à gauche, dessus comme dessous sans trop appuyer mais en ayant soin que la brosse serve bien de véhicule à la pierre ponce et n'agisse pas à nu.

Puis on lavera la corne à grande eau afin d'en enlever toute la pierre ponce logée dans les recoins les plus cachés et on laissera sécher. On verra alors tous les défauts du travail matériel, apparaître sous la forme de pellicules blanchâtres.

Il faudra faire disparaître ces défauts avec les échoppes et les grattoirs.

Les rectifications faites, on devra alors recommencer l'opération première du polissage mais cette fois en faisant usage d'une brosse plus fine et d'une poudre de pierre ponce plus fine aussi. On recommencera à frotter avec la pâte et à frotter longuement. Il est impossible de dire pendant combien de temps il faut polir ainsi ; cela dépendra de la perfection qu'a atteint le travail de modelage, mais il faudra au bas mot frotter ainsi avec la brosse une demi heure durant. Si l'on s'aperçoit que la brosse ne pénètre pas dans les parties fines et cachées du travail, on devra agir avec le fusain à polir taillé à son gré.

Le polissage ainsi terminé, on lavera encore l'objet à grande eau et lorsqu'on se sera rendu compte après séchage qu'il ne reste plus rien de malencontreux, on recommence l'opération une troisième fois avec une très douce et très fine brosse et du tripoli puis avec du rouge à polir.

Après un troisième et dernier lavage à grande eau qui débarrassera tous les creux des dernières parcelles de tripoli ou de rouge on n'aura qu'à laisser sécher et à donner un dernier coup de poli avec une douce brosse sèche, les cabrons et des morceaux de flanelle ou de peau de chamois.

Nous ferons remarquer que nous conseillons pour le polissage l'emploi des pierres ponce et du tripoli de préférence à tous les ingrédients vendus dans le but de polir la corne, l'ivoire ou toute autre matière. La pierre ponce est de beaucoup plus économique et remplit à souhait le rôle qu'on attend d'elle.

Bien entendu le polissage de l'objet doit se faire à l'envers autant qu'à l'endroit (1).

Nous avons décrit l'opération du polissage telle que nous la faisons faire à nos élèves et telle qu'il est nécessaire de savoir la faire, pour se rendre compte d'abord que le travail est bien achevé et qu'aucune bavure ne s'aperçoit plus sur la pièce ni aucune trace d'outil.

Ce travail est d'ailleurs suffisant dans les cas qu'il nous est impossible de définir exactement, dans lesquels un trop fort brillant n'est pas nécessaire ou même dans lesquels il est nuisible. Mais il faut reconnaître que bien souvent il est insuffisant.

Si l'on veut bien en croire notre expérience, on n'essayera pas de donner soi-même le polissage parfait que l'on doit rechercher pour la plupart des pièces sculptées sur corne (objets de bureau, de toilette féminine, d'éclairage, etc.). On n'y parviendrait pas si l'on n'est pas mécaniquement outillé pour cela. On s'adressera tout simplement à des polisseurs de métier. Outre la supériorité que leur donne leur outillage de brosses mécaniques, de roues d'étoffe de peau, d'instruments ultra rapides mûs par l'électricité ou autrement, ils ont encore pour eux un apprentissage qui concentre toute leur habileté manuelle sur le seul polissage de sorte qu'ils rendent des points au plus habile des artistes. Il en est de fort intelligents et qui ne détériorent aucune des pièces qui leur sont confiées, fussent-elles les plus fouillées et les plus tenues.

Pour quelques centimes ils vous éviteront un travail de plusieurs heures éreintant et fastidieux.

Si l'on fait de la sculpture sur corne sa principale affaire, il en ira tout autrement et l'on devra dans ce cas s'outiller spécialement pour opérer le polissage au moyen de brosses rotatives mues par un tour. L'acquisition d'un petit tour à pied n'est pas en somme chose très coûteuse. On

(1) Quand l'objet à la longue a perdu le brillant du poli, il est aisé de le lui rendre.

On n'aura qu'à le frotter patiemment avec un linge doux imbibé d'huile et de terre pourrie ou de tripoli. — On essuiera ensuite avec un linge fin et on frottera à nouveau avec de la peau de buffle jusqu'à parfait brillant.

pourra par ce moyen polir soi-même avec tout le soin voulu les pièces les plus délicates sans les confier à des polisseurs de métier. Avec les brosses circulaires utilisées sur les tours on ne devra pas employer la pierre ponce qui rongerait l'ouvrage tant la vitesse de rotation donne de puissance à la brosse. On se servira de tripoli mélangé d'huile en premier ressort et en second lieu de rouge à polir, en dernier lieu de brosses sèches. Le peu d'expérience nécessaire au maniement des brosses à polir montées sur tour est très vite acquis.

VI. — *Mise en forme.*

La mise en forme de la corne travaillée est d'une facilité enfantine et ne demande qu'un peu de soin, avec des mouvements doux exempts de toute brusquerie. C'est la brusquerie, en effet, et l'impatience qui amèneraient des accidents irréparables : les ruptures et les cassures de l'objet traité, aux endroits finement sculptés.

Nous entendons par mise en forme, l'opération qui consiste à donner à l'ouvrage terminé le mouvement général ou de détail qu'il comporte. Jusqu'à présent le travail étant fait sur une plaque de corne très plate, toutes les parties de ce travail se trouvent sur le même plan horizontal général. Nous avons bien en sculptant la corne obtenu divers plans sculpturaux, des reliefs variés qui constituent tout travail de ce genre mais nous n'avons pu, par exemple s'il s'agit d'un papillon, d'un oiseau ou d'un insecte aux ailes étendues, nous n'avons pu relever les ailes de l'animal en un plan différent de celui du corps, et tombant sur le premier en un angle plus ou moins aigu. Nous n'avons pas pu davantage changer le plan général du travail et de la plaque horizontale, du morceau plat de la corne faire un objet de forme, cylindrique ou conique, comme cela peut être nécessaire si nous avons en vue la confection d'un abat-jour par exemple dans lequel la corne devra, pour s'ajuster dans la monture, prendre une forme concave et conique à la fois, ou bien encore d'une plaque de cou ou d'un peigne de nuque qu'il s'agit d'incurver suivant un galbe voulu.

Ce sont ces modifications de plan général ou de détail qui nécessitent la mise en forme de l'objet travaillé.

Voici de quelle manière on procédera pour mettre en forme.

On enveloppera l'objet dans une couche d'ouate assez épaisse et on la déposera dans une casserole suffisamment pleine d'eau bouillante pour qu'il trempe complètement. On placera la casserole sur le feu et on laissera bouillir quelques minutes. Combien de temps exactement? il est impossible de le dire, cela dépend surtout de l'épaisseur de la corne. Dans quelques minutes un objet de bonne épaisseur a obtenu la souplesse voulue, est devenu assez malléable pour être mis en forme.

On a deviné que si nous avons pris la précaution d'enrober notre objet dans un vrai molleton d'ouate c'est pour éviter que le bouillonnement de l'eau ne le projette sur les parois du vase et ne le détériore.

Lorsqu'on estimera que la malléabilité voulue est obtenue, on saisira dans l'eau bouillante le paquet avec des pinces sans le serrer bien entendu, on le déshabillera en faisant attention à ne pas se brûler les doigts, et on l'appliquera sur la forme choisie à l'avance et préparée, en bois par exemple si l'on tient à la régularité parfaite de la forme.

Mais si l'on désire seulement donner une vague courbure, élever des ailes d'oiseaux ou d'insectes, on exécutera la mise en forme à la main en tenant l'objet avec un linge. Il importe, pour que la corne ne reprenne pas sa forme première, de laisser sécher et refroidir complètement dans la forme donnée.

Quelques personnes, lorsqu'il ne s'agit que de la mise en forme de détail dont nous venons de parler, conseillent de ne pas laisser bouillir l'objet; après avoir au préalable enrobé de graisse la partie à mettre en forme, elles enseignent à la présenter à la flamme d'une lampe à alcool. Le détail devient assez flexible lorsqu'il est chaud, pour pouvoir, avec les doigts, être aussitôt placé dans la forme voulue. Cette manière d'opérer peut avoir son utilité dans certains cas, c'est pour cela que nous la signalons. Elle nécessite seulement une grande attention pour ne pas laisser griller l'objet.

CHAPITRE V

TEINTURE ET COLORATION DE LA CORNE

Transparence et matité. Patines. Produits chimiques et couleurs. Nacrage.

La plus belle qualité de la corne, nous l'avons dit, c'est sa transparence.

Mais il ne nous sera interdit, tout en respectant cette qualité, ni de modifier la coloration, ni même de rendre à demi transparentes ou opaques certaines parties de notre travail, afin de, par des oppositions voulues, faire valoir davantage le ton ou la transparence de tel ou tel motif.

Nous traiterons dans ce chapitre :

1° Des colorations qui conservent la transparence de la corne ;

2° De la manière de détruire tout ou partie de cette transparence et de teindre ensuite la corne opaque.

I

Pour teindre la corne en conservant toute la transparence, le commerce nous livre des patines ou produits chimiques et des teintures ou couleurs soit à l'eau soit à l'alcool.

A. *Patines.* — Les produits chimiques sont innombrables qui attaquent plus ou moins la corne en la colorant, mais quels sont parmi ces produits ceux qu'on peut utiliser avec confiance ? Nous ne saurions le préciser ici.

Aussi conseillons-nous simplement de n'utiliser que les deux produits que l'on trouve couramment chez les fournisseurs, à savoir :

La patine *brune* qui employée pure et à chaud produit un noir transparent et étendue d'eau et à froid donne toute la gamme des bruns.

Et la patine *jaune* (jaune vif ou jaune orange) donnant la gamme des jaunes et même avec le jaune orange la gamme des roux.

A défaut des patines commerciales, et pour les personnes qui ne peuvent aisément s'en procurer, nous conseillerons de teindre :

1° En *noir*, avec une dissolution d'argent dans de l'acide nitrique ;

2° En *brun* avec une dissolution de mercure dans de l'acide nitrique ;

3° En *jaune* rouge avec une dissolution d'or dans de l'eau régale (l'eau régale est un mélange commercial d'acide chlorhydrique et d'acide azotique).

Ces patines commerciales ou autres utilisées soit seules soit avec les couleurs dont nous allons parler, seront d'une suffisante ressource pour nous permettre d'obtenir les plus heureux effets. D'autant plus que nous ne saurions trop recommander ici la sobriété, les bariolages variés étant tout à fait hors de saison et la distinction étant pour nous ce qu'il y a de plus nécessaire (1).

B. — Les *teintures*, soit à l'alcool, soit à l'eau, sont utilisables pour la coloration de la corne.

Bien qu'il soit aisé de trouver toutes les teintes de couleurs d'aniline ou autres, nous ne conseillerons pas de charger les godets de plus de quatre teintes. On se servira donc seulement : du bleu de méthyle, du jaune de fluorescéine, du rouge d'éosine, et du rouge congo.

On se procurera des couleurs saturées c'est-à-dire des teinteurs mères les plus foncées qui soient. Les teintes claires s'obtiennent en diluant les teintures mères dans l'eau ou l'alcool, suivant que les couleurs employées sont à l'eau ou à l'alcool.

Avec les patines (produits chimiques) et ces quatre couleurs nous en aurons largement assez pour, par superposition, obtenir toutes les teintes voulues.

Nous disons par superposition, car nous nous trouvons ici dans des conditions idéales pour obtenir par ce moyen une vibration merveilleuse des couleurs. La transparence de notre matière aidant et formant un dessous jaune plus ou moins clair, les teintes que nous appliquerons successivement se verront les unes sous les autres bien mieux encore que ne se

(1) Voir p. 55, quelques autres recettes pour faire des patines colorantes. Ces recettes sont données à cette page pour fabriquer des patines destinées à colorer la corne après blanchiment ; elles peuvent s'appliquer sur corne transparente.

voient les couleurs de fond sous les glacis et on obtiendra une intensité de coloris superbe si les teintes sont bien choisies et bien appropriées.

Prenons par exemple une teinte bleu et l'appliquons sur la corne après avoir fortifié la coloration naturelle de celle-ci par le jaune de fluorescéine ou encore par le brun patine ; nous obtiendrons suivant l'intensité des teintes employées, toute la gamme des verts depuis le plus tendre jusqu'au plus foncé, depuis les verts d'émeraude jusqu'aux verts mousse et les colorations obtenues seront d'autant plus profondes que les teintes seront plus foncées.

Nous conseillerons même de chercher une teinte plus chaude ou plus sombre que celle que l'on désirera obtenir et au moyen d'un décolorant quelconque de doucement atténuer l'intensité de la coloration. On obtiendra de la sorte des effets plus profonds encore et des sombres clartés tout à fait attrayantes.

Essayons par exemple d'utiliser la patine brune de manière à obtenir un brun Van Dyck très foncé, puis laissons tremper notre objet pendant une heure ou deux dans une teinte très foncée de bleu de méthyle (presqu'une teinture mère). Laissons sécher, puis très habilement décolorons, en insistant sur les parties que nous voudrons rendre plus claires. Nous obtiendrons une vitrification verte des plus heureuses ; regardé à travers le jour l'objet paraîtra émaillé.

Le décolorant, nous l'avons dit, sera quelconque, acide chlorhydrique, esprit de sel, ammoniaque (pour les couleurs à l'aniline). Nous n'insistons pas, ces décolorants se trouvant chez tous les marchands qui vendent le matériel d'artistes.

Qu'on veuille bien s'exercer un peu, mettre à profit la science des couleurs que l'on possède et l'on arrivera très promptement à se créer des ressources originales et des tons heureux.

Il est bien entendu qu'avec ces patines et ces couleurs, nous n'aurons pas la prétention de créer des tons plus clairs que la corne elle-même. Pour arriver à ce résultat (la chose est possible) il faudra d'abord rendre la corne blanche et opaque et il nous sera loisible alors d'obtenir les gris les plus doux et les roses les plus tendres (Voir ci-après le paragraphe relatif à la manière de détruire la transparence de la corne.

Mais comment appliquerons-nous les patines et les teintures ? Le plus simplement possible : En laissant tremper l'objet dans la teinture ; avec un pinceau plus ou moins fin, voire même avec une plume si les traits à colorier sont très fins.

On se souviendra seulement qu'il faut beaucoup de patience pour ce travail. Les couleurs prennent lentement sur la corne. Ce sont plusieurs couches successives qu'il conviendra d'appliquer en chaque couleur, en laissant bien sécher chaque couche avant d'en appliquer une nouvelle.

Quant aux patines et aux décolorants, ils s'emploient au pinceau seulement ; ils brûleraient les doigts pour la plupart.

Nous appelons toute l'attention du lecteur sur la difficulté d'appliquer les teintes fondues sur la corne. Si l'on considère la plupart des objets qui sont soumis à notre examen, même ceux qui figurent aux expositions ou aux salons, on sera étonné à part quelques rares exemples de ce que les colorations sont baveuses. Je sais bien que cela tient la plupart du temps à ce que le fini des objets n'est point suffisant (car rien ne fait ressortir les imperfections du modelage comme la coloration qu'on y appose) mais cela tient aussi à ce que l'on ne s'exerce pas suffisamment à cette opération délicate de la teinture sur corne. Nous ajouterons encore que cela provient de ce que bon nombre de personnes non averties répètent en pareille matière l'erreur commise par les adeptes à la ciselure sur cuir et qui consiste à peindre les reliefs. On ne saurait trop s'insurger contre ce mode d'opérer, les reliefs ne doivent jamais être peints. Ils peuvent recevoir des teintes unies, mais sous peine de non sens artistique, ils ne peuvent être peints en clartés et en ombres, le déplacement de l'objet modifiant sans cesse les ombres réelles produites par les reliefs. Ces ombres ou ces clartés jurent constamment avec les ombres et les clartés artificielles appuyées sur le modelage. De là résulte une cacophonie de couleurs désagréable à l'œil, un empâtement excessif et par conséquent par transparence des bavures et des malpropretés. On s'exercera donc à teindre légèrement en teintes unies ou fondues.

II

Pour détruire la transparence de la corne en tout ou partie et la teindre postérieurement, voici maintenant le procédé à employer.

Par ce procédé la transparence est détruite par *blanchiment* de la surface de la corne. C'est là une opération des plus simples qui nous permettra soit de teindre la corne des nuances les plus claires, soit de former des oppositions, des contrastes très heureux entre parties transparentes et parties blanches ou parties d'abord blanchies puis colorées en mat.

Pour blanchir la corne, nous commencerons par la brunir avec un mélange de 30 grammes de minium et 50 gr. de chaux caustique, le tout délayé dans une lessive de potasse, de façon à former une pâte quasi liquide. Au bout d'une vingtaine de minutes les parties recouvertes de cet enduit seront frottées légèrement avec de l'ouate et après séchage seront enduites d'une solution à 20 0/0 d'acide chlorhydrique (soit 20 gr. d'acide ch. par 100 gr. d'eau). Il importe que l'acide chlorhydrique employé soit très pur et exempt de métaux (fer, arsenic ou autres qui auraient, en l'espèce, le plus désastreux effet). On laissera sécher l'objet dans du son en agitant souvent.

Cette opération consiste, en définitive, à produire par le contact de l'acide chlorhydrique et du minium, une couche de chlorure de plomb qui se dépose en blanc laiteux sur la corne et y adhère. Le blanc est d'autant plus blanc que la corne était plus transparente et plus claire.

On pourra dès lors soit laisser cette blancheur intacte (elle est quelquefois si parfaite qu'elle présente des reflets comme argentés et même comme nacrés), soit la teindre des couleurs les plus variées et les plus claires.

Mais pour la teindre ainsi nous recommandons de laisser de côté les patines brunes ou jaunes vendues dans le commerce et dont chaque marchand garde le secret. Nous ne savons pas de quoi elles sont composées et dans l'espèce elles pourraient avoir une influence néfaste.

Nous employons, pour teindre la corne après blanchiment, les vieux procédés utilisés dans la fabrication industrielle des objets en corne et qui sont les plus solides.

Pour teindre en *noir* nous faisons cuire de la noix de galle dans l'eau de façon à former un liquide très concentré. Après quelques heures de refroidissement nous ajoutons 30 grammes par litre de sulfate de fer.

Avant d'utiliser cette patine, il convient d'avoir soin d'attaquer, de mordancer la corne avec du nitrate de mercure.

La solution de noix de galle appliquée après le nitrate de mercure devra rester en contact avec la corne environ dix heures.

Pour teindre en brun nous employons tout bonnement une solution très saturée de bois de cachou. Douze heures d'immersion sont nécessaires pour que cette patine agisse.

Pour teindre en jaune, une solution à 20 0/0 de bichromate de potasse.

Ces deux dernières patines doivent être employées tièdes.

Nous ajouterons que pour teindre en *gris* nous employons aussi avec succès un moyen industriel. Nous faisons dissoudre de la *cochenille* dans de l'*ammoniaque*. L'objet en corne blanchie étant imprégné de cette solution, on le laisse sécher un peu, puis on le trempe dans un bain d'*azotate de fer*. La teinte est gris bleuté si l'azotate de fer est faible, elle est gris jaune si l'azotate est à une solution fortement concentrée (1).

Quant aux autres couleurs à l'aniline, à l'alcool ou à l'eau que nous avons recommandé ci-dessus pour teindre la corne transparente, on peut aussi les utiliser ici pour teindre la corne blanchie, seulement on agira sagement en plongeant auparavant la corne pendant deux heures environ dans un bain composé de 2 gr. d'acide tartrique, 15 gr. d'alun et s'il s'agit d'une couleur bleu de 4 gr. de chlorure d'étain en *outre*

Nota important. — A la lecture de toute cette partie de notre ouvrage relative à la teinture et au blanchiment de la corne, le lecteur se sera sans doute demandé comment il lui sera possible d'opérer selon les modes indiqués par nous, lorsque quelques parties seulement de l'objet devront être soumises au traitement.

Quand il s'agit de teindre au pinceau ou à l'ouate, sans immersions, certaines parties de peu d'importance, cela ira tout seul et l'on procédera comme dans toute peinture, mais s'il s'agit comme nous l'avons souvent supposé d'opérer par immersion dans un bain où on laissera séjourner l'objet pendant plus ou moins de temps, quelquefois plusieurs heures, il en ira différemment et l'on devra s'ingénier de façon à ce que le bain n'agisse que sur les parties voulues.

Dans ce but, avant de tremper l'objet dans le bain indiqué (acide ou teinture) on enrobera les parties à réserver, c'est-à-dire celles à ne pas teindre ou colorier dans une solution de bitume ou de caoutchouc de sorte que le liquide du bain n'agira que sur les parties de la corne laissées à nu. C'est très simple à exécuter, il suffit de l'avoir fait une seule fois pour être sûr du mode d'opérer. Les réserves se trouvent toutes préparées chez les marchands de couleurs.

(1) Ces colorations peuvent également être appliquées sur corne transparente non blanchie, quand la teinte à obtenir est plus foncée que la couleur naturelle de la corne.

CHAPITRE VI

PROCÉDÉS POUR NACRER TELLE PARTIE DÉSIGNÉE DE LA CORNE (1), ET POUR IMITER L'ÉCAILLE

Le nacrage de la corne quand il est sobrement appliqué, peut être une source très intéressante de décoration par exemple s'il s'agit d'un travail dans lequel figurent des papillons, des libellules, des poissons, des perles, des coquillages et même certaines plantes comme les monnaies du pape et les coques du baguenaudier, etc.

Mais il ne faut pas abuser de cette décoration, sous peine de tomber dans le commun ou le clinquant.

Le premier commerçant venu en matières premières destinées aux arts saurait sur ce chapitre donner par un simple prospectus de ses produits d'aussi bons conseils que ceux que nous allons cependant donner ici en peu de mots pour être complets dans l'exposé de notre méthode.

On achèvera donc un flacon d'*Essence d'Orient* et quelques feuilles de *blanc-manger*. Le blanc-manger n'est autre chose qu'une gélatine très pure et de premier choix; l'essence d'Orient n'est autre chose qu'un composé de débris très fins de nacre ou de perle concassés chimiquement préparé sous une forme liquide. Cette essence est vendue dans de petits flacons dans le fond desquels elle repose, recouverte d'ammoniaque étendue d'eau. Cette eau ammoniacale n'est là que pour conserver la pureté

(1) Nous ne croyons pas devoir parler ici des applications par mosaïque ou juxtaposition de la nacre sculptée incrustée dans les objets en corne. Ce serait une incursion dans le domaine de la sculpture sur nacre, travail absolument distinct de celui de la sculpture sur corne et qui possède une technique tout à fait à part.

Quant aux incrustations de morceaux de nacre non sculptée elle est le fait, comme les incrustations de cabochons et pierres fines, du bijoutier ou du joaillier.

de l'essence d'Orient et ne doit pas être employée avec le produit. Avant donc de se servir de l'essence d'Orient on devra verser l'eau ammoniacale dans un godet quelconque d'où on le reversera, en fin de travail, dans le flacon d'essence.

On fera dissoudre au bain-marie à feu très doux le blanc-manger (préalablement coupé en petits morceaux) dans une petite quantité d'eau ; on versera dans cette solution, sans la retirer du bain-marie, quelques gouttes d'essence d'Orient pure et on laissera bouillir en remuant sans cesse, jusqu'à ce que l'on n'aperçoive plus la moindre parcelle des débris d'écailles dont est composée l'essence, cela durera environ 25 minutes.

On appliquera *à chaud* l'essence d'Orient ainsi dissoute, au moyen d'un pinceau, sur les parties de la corne que l'on voudra nacrer ; on opérera par couches très légères et successives, que l'on laissera sécher à fond avant d'appliquer la suivante ; toutes les couches seront appliquées à chaud. Il convient de recommander beaucoup de soin pour exécuter cette opération du nacrage. Elle demande, en effet, une certaine habitude ne fut-ce que pour trouver le degré de solution du blanc-manger et la quantité de gouttes d'essence à ajouter à cette solution. C'est une affaire de tâtonnement mais l'éducation sera en définitive très rapidement faite.

II

PROCÉDÉ POUR COLORIER LA CORNE A LA FAÇON DE L'ÉCAILLE

Bien que nous ne soyons pas partisan des imitations et que nous estimions qu'un véritable artiste doit s'appliquer à respecter la matière première et à ne la dénaturer que le moins possible, nous ne croyons pas cependant qu'on doive interdire au chératoplaste de, par sa seule coloration, donner à la corne, l'apparence de l'écaille. Il n'y a là aucun truquage malhonnête et dans bien des cas au contraire, il y a matière à une opération assez artistique dans l'action de rechercher à reproduire les veinages sinueux, roux, gris, bruns, noirs de l'écaille sur la corne transparente. C'est en définitive une coloration que l'on applique.

Souvent, si le choix de la corne a été judicieux, si par exemple l'artiste a choisi pour matière première une corne *bariolée* naturellement veinée en brun ou en roux jaunâtre le poli seul donné à l'objet terminé donnera une imitation très parfaite de l'écaille. Il nous est arrivé d'obtenir ce résultat de manière à ce qu'il fut très aisé de se méprendre sur la nature de la matière première employée. On n'a dans ce cas d'autre mérite que celui de bien choisir la corne.

Il en va tout autrement et il faut une grande habileté pour, avec une corne unie très blonde et très transparente, donner l'illusion parfaite de l'écaille.

Les moyens pour y arriver sont assez nombreux et connus de tous les industriels qui travaillent la corne pour les tabletiers. Chacun de ces industriels a son procédé ou sa méthode, procédé qui vaut ni plus ni moins que celui de son voisin car c'est, on peut le dire, l'expérience, le tour de main de l'opérateur qui seul assure le meilleur résultat.

Nous donnerons ici quelques-unes de ces méthodes en les simplifiant et les rendant pratiques pour les particuliers.

1re *méthode. — Applications des teintes au pinceau.*

C'est la plus difficile en même temps que la plus simple des méthodes, mais c'est aussi la plus artistique, celle qui demande le plus d'expérience et d'habileté.

Elle consiste à se servir des patines que nous avons conseillées page 52 pour la coloration de la corne transparente à savoir pour le *noir* : une dissolution d'*argent* dans de l'*acide nitrique* ; pour le *brun* : une dissolution de *mercure* dans l'acide *nitrique* ; pour le *jaune rouge* une dissolution d'or dans l'*eau régale*.

Ces patines appliquées habilement au pinceau les unes à côté des autres en imitant les taches ou veinages naturels et en laissant habilement parmi ces taches des intervalles de clarté et de transparence blonde donnent un très heureux résultat. On comprendra que nous ne puissions chercher à expliquer la manière de s'y prendre ; c'est une façon trop primesautière d'agir pour qu'on puisse guider l'élève. Celui-ci n'aura qu'à tâtonner après avoir étudié longuement le tachage naturel de l'écaille. Il essayera de l'imiter et à la longue y parviendra sûrement avec un peu d'esprit et beaucoup d'expérience.

Mais voici d'autres méthodes plus faciles et comme mécaniques.

2e *méthode.* — Par le *protoxyde de plomb* ou *minium.*

Le protoxyde de plomb est un poison violent employé pour la fabrication du cristal. On le mélangera pour une partie avec deux parties de chaux vive, et du savon en poudre humide mais sans que le mélange soit trop intime. On appliquera la pâte pure ainsi formée, sur la corne aux endroits que l'on voudra tacher en très foncé. Puis on mélangera le reste de la pâte avec du sable fin et on appliquera la nouvelle pâte ainsi formée à côté de l'autre aux endroits que l'on voudra teindre en moins foncé. Et enfin on laissera en clarté les parties de la corne que l'on veut maintenir blonde. On n'aura ensuite qu'à laisser sécher la pâte au contact de la corne ; on enlèvera les emplâtres secs à la brosse et on aura ainsi obtenu de beaux noirs et des transparences rougeâtres. Si ces taches sont habilement créées et fondues les unes avec les autres et habilement coupées par les plaques irrégulières des clartés réservées, on aura une imitation réelle de l'écaille.

En raison de la nature nocive du produit employé on opérera sans toucher la pâte avec les doigts. Cela ne brûle pas mais il serait dangereux de porter à la bouche les doigts imprégnés du produit.

3e *méthode*. — Par le *sous-acétate de plomb*.

On se procurera deux poudres :

L'une formée de *chaux vive* pulvérisée. L'autre d'un mélange de *sous-acétate de plomb* et de *lessive de potasse* à 90°.

On mélangera ces deux poudres en les étendant avec un peu d'eau de manière à former une pâte molle que l'on appliquera sur la corne comme on l'a fait dans la méthode précédente.

Cette manière de procéder a sur la précédente l'avantage d'agir très lentement sur la corne et permet à l'opérateur d'arrêter la coloration au degré voulu par lui. Il peut ainsi à son gré obtenir soit l'écaille blonde soit l'écaille brune. Avec le sous-acétate de plomb qui est aussi un poison on n'imite que l'écaille brune (1).

(1) Le lecteur remarquera que l'exposé des deux procédés d'imitation de l'écaille nous a permis d'indiquer deux produits nouveaux pour la coloration de la corne en brun ou en rouge jaune, nous n'avons pas parlé de ces produits dans l'énumération de nos patines colorantes pour les réserver à cet exposé.

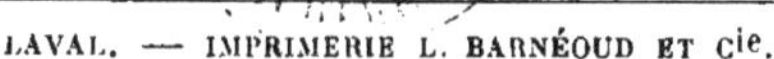

BIBLIOTHÈQUE NATIONALE R.F.

LAVAL. — IMPRIMERIE L. BARNÉOUD ET Cie.

TABLE DES MATIÈRES

www.ingramcontent.com/pod-product-compliance
Ingram Content Group UK Ltd.
Pitfield, Milton Keynes, MK11 3LW, UK
UKHW021646260726
13994UKWH00003B/1301

9 782329 360270